W0206043

Alexander Rudow

Die Varusschlacht
Geschichte – Bedeutung – Wirkung

Alexander
Rudow

Die Varusschlacht

Geschichte – Bedeutung – Wirkung

REGIONALIA
VERLAG

Alexander Rudow

Die Varusschlacht
Geschichte – Bedeutung – Wirkung

3. Auflage 2021

Regionalia Verlag,
ein Imprint der Kraterleuchten GmbH,
Gartenstraße 3, 54550 Daun

Lektorat, Layout und Satz: Handverlesen GbR, Bonn
Titel- und Einbandgestaltung: Björn Pollmeyer
Titelabbildungen: iStock / photography-wildlife-de,
iStock / ZU_09

Gedruckt auf feinstem Schleipen-Papier aus deutscher Herstellung
Hergestellt in der Europäischen Union, Finidr, CZ

MIX
Papier aus verantwortungsvollen Quellen
FSC® C014138
www.fsc.org

ISBN 978-3-95540-335-5

www.regionalia-verlag.de

Inhalt

Einführung: Geschichte eines Gemetzels

In der sogenannten Varusschlacht im Jahr 9 n. Chr. sterben allein auf römischer Seite über zwanzigtausend Menschen, auch Frauen und Kinder. Die Anzahl der Toten bei den germanischen Stämmen ist unbekannt. Wenn es also eine historische Wahrheit über diese Schlacht gibt, dann diese: Hier brachten sich Zehntausende gegenseitig um. Das Schlachtfeld am Ende der tagelangen Kämpfe kann man sich gar nicht schrecklich genug ausmalen. Das Gelände muss förmlich von Toten übersät gewesen sein. Wenn wir auch sonst wenig sicher wissen über die Schlacht: Sie war ein Gemetzel.

Der römische Dichter Marcus Annaeus Lucanus (39–65 n. Chr.) prägte den Begriff *furor teutonicus*. Das lateinische *furor* bedeutet »Raserei«, »Tollheit« oder »Wut«. Diesen *furor* beschränkt Lucanus in seinem *Bellum civile* noch auf den Stamm der Teutonen. Die Teutonen ziehen Anfang des 2. Jahrhunderts v. Chr. zusammen mit den Kimbern und Ambronen durch Europa, auf der Suche nach neuem Land. Die Römer bekommen es mit der Angst zu tun, die Teutonen und anderen könnten gegen Rom ziehen und dessen Untergang besiegeln.

Lucanus schreibt:

> Im Kampf jubelten sie, weil sie hofften, das Leben auf ruhmvolle und beglückende Art verlassen zu dürfen. (Lucanus, *Bellum civile*, Liber Primus, 255f.)

Und weiter:

> Mit der Schnelligkeit und Gewalt eines Feuersturms griffen sie an: tollkühn und unerschrocken, mit tierischen Stimmen und furchtbaren Schreien. (ebd.)

Diese teutonische Angriffslust wird später auf die Gesamtheit der Germanen ausgeweitet. Heute gilt *furor teutonicus* längst als Umschreibung deutscher Aggression.

Viel Mythos und wenig Wissen

Wie kommt es dazu? Einen wichtigen Beitrag jedenfalls leistet die Schlacht, um die es hier geht. Zu ihr existiert viel mehr Mythos als Wissen. Dieser Mythos ging gerade auch von deutscher nationaler und nationalistischer Seite aus. Heute findet sich im rechtsextremen Onlinelexikon Metapedia folgendes Zitat zum Eintrag »Armin der Cherusker«:

> Hermanns »Schlacht im Teutoburger Wald« (tatsächlich wohl das Waldgebiet in der Gegend von Kalkriese) war nicht nur das erste große Ereignis der deutschen Geschichte sondern mit ihr wurden die Voraussetzungen geschaffen, daß Deutschland überhaupt als »Land der Deutschen« in der natürlichen Entwicklung eines freien Volkes entstehen konnte. Ohne diese Schlacht wäre ein beträchtlicher Teil des damaligen Germaniens, so wie einst Gallien, unter römische Herrschaft geraten und auf die Dauer wohl auch romanisiert worden. Es hätte sich nicht nur keine originäre deutsche Sprache herausbilden können, die heutigen Deutschen würden dann wohl wie die Franzosen eine romanische Sprache sprechen und keine germanische. Es wäre auch die naturverbundene, kraftvolle Kultur der Germanen verfremdet und später in den Sog römischer Dekadenz mit hineingerissen worden. Europa hätte jenes Volk verloren, das es dann durch zwei Jahrtausende gegen die von Süden und Osten heranstürmenden fremden Mächte schützte. So steht diese Schlacht auch am Beginn des nach dem Verfall der Antike neu sich formierenden Abendlandes, denn für dessen erneutes Aufblühen bedurfte es jener Kräfte, die erst mit der Befreiung von rö-

mischer Herrschaft den zu ihrer Entfaltung nötigen Raum gewannen. So war die Schlacht im Teutoburger Wald nicht nur eine Schlacht für Deutschland, sie war auch eine Schlacht für das neuzeitliche Europa.

Antimythen wirken ebenso bis heute fort

Ein solches Verständnis der Dinge hat mit seriöser Geschichtsschreibung nichts zu tun. Gegen derlei Instrumentalisierung der Varusschlacht wendet sich bereits Heinrich Heine ironisch in *Deutschland, ein Wintermärchen*. Allerdings schafft er mit den Versen seinerseits einen Antimythos, so unterhaltsam diese auch sind:

Caput XI

Das ist der Teutoburger Wald,
Den Tacitus beschrieben,
Das ist der klassische Morast,
Wo Varus steckengeblieben.

Hier schlug ihn der Cheruskerfürst,
Der Hermann, der edle Recke;
Die deutsche Nationalität,
Die siegte in diesem Drecke.

Wenn Hermann nicht die Schlacht gewann,
Mit seinen blonden Horden,
So gäb es deutsche Freiheit nicht mehr,
Wir wären römisch geworden!

In unserem Vaterland herrschten jetzt
Nur römische Sprache und Sitten,

Vestalen gäb es in München sogar,
Die Schwaben hießen Quiriten!

Der Hengstenberg wär ein Haruspex
Und grübelte in den Gedärmen
Von Ochsen. Neander wär ein Augur
Und schaute nach Vögelschwärmen.

Birch-Pfeiffer söffe Terpentin,
Wie einst die römischen Damen.
(Man sagt, daß sie dadurch den Urin
Besonders wohlriechend bekamen.)

Der Raumer wäre kein deutscher Lump,
Er wäre ein röm'scher Lumpacius.
Der Freiligrath dichtete ohne Reim,
Wie weiland Flaccus Horatius.

Der grobe Bettler, Vater Jahn,
Der hieße jetzt Grobianus.
Me hercule! Maßmann spräche Latein,
Der Marcus Tullius Maßmanus!

Die Wahrheitsfreunde würden jetzt
Mit Löwen, Hyänen, Schakalen
Sich raufen in der Arena, anstatt
Mit Hunden in kleinen Journalen.

Wir hätten einen Nero jetzt,
Statt Landesväter drei Dutzend.
Wir schnitten uns die Adern auf,
Den Schergen der Knechtschaft trutzend.

Der Schelling wär ganz ein Seneca,
Und käme in solchem Konflikt um.
Zu unsrem Cornelius sagten wir:
»Cacatum non est pictum.«

Gottlob! Der Hermann gewann die Schlacht,
Die Römer wurden vertrieben,
Varus mit seinen Legionen erlag,
Und wir sind Deutsche geblieben!

Wir blieben deutsch, wir sprechen deutsch,
Wie wir es gesprochen haben;
Der Esel heißt Esel, nicht asinus,
Die Schwaben blieben Schwaben.

Der Raumer blieb ein deutscher Lump
In unserm deutschen Norden.
In Reimen dichtet Freiligrath,
Ist kein Horaz geworden.

Gottlob, der Maßmann spricht kein Latein,
Birch-Pfeiffer schreibt nur Dramen,
Und säuft nicht schnöden Terpentin
Wie Roms galante Damen.

O Hermann, dir verdanken wir das!
Drum wird dir, wie sich gebühret,
Zu Detmold ein Monument gesetzt;
Hab selber subskribieret.

»Als die Römer frech geworden«, Notgeld der Stadt Detmold, historisches offizielles Zahlungsmittel.

Schwierige Entmythologisierung

Dieses Buch möchte einen Beitrag dazu leisten, die Schlacht zu entmythologisieren. Was nicht ganz einfach ist. Denn in unseren heutigen Köpfen stecken viele Märchen und Stereotype über diese Schlacht. Der Autor dieses Buches etwa lernte als Kind von seiner Großmutter ein Lied kennen, das man heute auch in verschiedenen Varianten im Internet findet, zum Beispiel im Wiki der studentischen Verbindung Markomannia. Hier der Originaltext von 1848 von Josef Viktor von Scheffel:

Die Teutoburger Schlacht

Als die Römer frech geworden,
Zogen sie nach Deutschlands Norden,
Vorne beim Trompetenschall
Ritt der Generalfeldmarschall,
Herr Quinctilius Varus.

Doch im Teutoburger Walde,
Huh, wie pfiff der Wind so kalte;
Raben flogen durch die Luft
Und es war ein Moderduft
Wie von Blut und Leichen.

Plötzlich aus des Waldes Duster
Brachen krampfhaft die Cherusker;
Mit Gott für Fürst und Vaterland
Stürmten sie von Wuth entbrannt
Gegen die Legionen.

Weh! das ward ein großes Morden.
Sie erschlugen die Cohorten;
Nur die römische Reiterei
Rettete sich noch ins Frei',
Denn sie war zu Pferde.

O Quinctili! armer Feldherr!
Dachtest du, dass so die Welt wär?
Er gerieth in einen Sumpf,
Verlor zwei Stiefel und einen Strumpf
Und blieb elend stecken.

Da sprach er voll Aergernussen
Zum Centurio Titiussen:
»Kamerade, zeuch dein Schwert hervor
Und von hinten mich durchbohr,
Da doch alles futsch ist.«

In dem armen römischen Heere
Diente auch als Volontaire
Scävola, ein Rechtscandidat,

Den man schnöd gefangen hat,
Wie die Andern Alle.

Diesem ist es schlimm ergangen;
Eh daß man ihn aufgehangen
Stach man ihn durch Zung' und Herz,
Nagelte ihn hinterwärts
Auf sein Corpus Juris.

Als die Waldschlacht war zu Ende,
Rieb Fürst Hermann sich die Hände
Und um seinen Sieg zu weih'n
Lud er die Cherusker ein
Zu 'nem großen Frühstück.

Nur in Rom war man nicht heiter,
Sondern kaufte Trauerkleider.
Grade als beim Mittagmahl
Augustus saß im Kaisersaal,
Kam die Trauerbotschaft.

Erst blieb ihm vor jähem Schrecken
Ein Stück Pfau im Halse stecken,
Dann gerieth er außer sich
Und schrie: »Varus, Fluch auf dich!
Redde legiones!«

Sein deutscher Sclave, Schmidt geheißen,
Dacht': »Ihn soll das Mäusle beißen,
Wenn er sie je wieder kriegt,
Denn wer einmal todt da liegt,
Wird nicht mehr lebendig.«

Nun zu Ehren der Geschichten
Will ein Denkmal man errichten,
Schon steht das Piedestal,
Doch wer die Statue bezahl'
Weiß nur Gott im Himmel.

Tatsachen sind die Grundlage einer Beurteilung

Auch dieses Lied benutzt Anachronismen, instrumentalisiert Geschichte und biegt sie als Vorbild für das Bestreben nach einem deutschen Nationalstaat im 19. Jahrhundert zurecht. Dieses Buch wird im ersten Teil die Legenden von den belegbaren Fakten herunterschaufeln, der zweite Teil widmet sich der Rezeption der Schlacht.

Als Leitstern für diese Zweiteilung diene der römische Rechtssatz: »da mihi factum, dabo tibi ius« (»Nenne mit die Tatsachen, ich gebe dir das [daraus folgende] Recht.«) – welche Beurteilung aus der Schlacht folgt, kann sich nur aus den Tatsachen ergeben.

Erster Teil:
Die Fakten – kaum etwas ist gesichert

1. Der Ort der Schlacht: Wo liegt der *saltus teutoburgiensis*?

Fast nichts, was wir über die sogenannte »Schlacht im Teutoburger Wald« zu wissen glauben, ist wirklich belegt. Das beginnt schon beim Ort der Schlacht. Seit dem 16. Jahrhundert haben sich mehr als unglaubliche siebenhundert Theorien zum Schlachtort entwickelt. Das klingt verwirrend und ist es auch. Daher sei gleich zu Anfang der Favorit in der heutigen Diskussion genannt: Kalkriese, ein Gebiet nördlich von Osnabrück bei Bramsche. Außerdem schon vorab ein Zitat von Joseph Rottmann, Geschäftsführer des Museums und Parks Kalkriese:

> Selbst wenn wir hier ein Schwert finden würden, das die Inschrift trägt »Ich gehöre dem Varus«, wird es immer noch Zweifler geben, die fragen werden, ob Varus das Schwert auch persönlich an dieser Stelle verloren habe.

Über siebenhundert Theorien

Wie kam es zu diesen vielen Theorien und der Diskussion? Über tausend Jahre lang bleibt die *clades Variana* (Niederlage des Varus) unbesprochen. Einer der wenigen, der vor dem 16. Jahrhundert die fragliche Schlacht erwähnt, ist Otto von Freising. Er beschreibt zwischen 1143 und 1146 in seiner *Chronica sive Historia de duabus civitatibus* (»Geschichte der zwei Reiche«, »Weltchronik«) ein Kampfgeschehen bei Augsburg als Varusschlacht. Dem stim-

Ein Stück Teutoburger Wald.

men in den kommenden Jahrhunderten auch Gelehrte wie Conrad Celtis (1459–1508) und der Augsburger Konrad Peutlinger (1465–1547) zu.

1434 erscheint dann noch die *Chronica nova* von Theodor Engelhusen, der die Schlacht in der Gegend um Mainz ansiedelt. Auch Frankfurt taucht noch als These auf. Ansonsten erinnert sich damals aber praktisch niemand an die Schlacht. Die Germanen haben sie mangels Schreibkultur nicht festgehalten; die Texte der Römer sind in der Schriftlosigkeit des Frühmittelalters verlorengegangen.

Die Wiederentdeckung von Tacitus' *Annales*

1508 dann der große Moment: In der Bibliothek des Klosters Corvey bei Höxter entdeckt man ein Buch wieder, das über viele Jahrhunderte verschollen war: die *Annales* (*Annalen*) des römischen Historikers Tacitus aus dem 2. Jahrhundert n. Chr. Darin ist unter anderem von einem Mann namens Arminius die Rede, der »unbestritten der Befreier Germaniens« gewesen sein soll.

Zurzeit interessiert uns nur folgende Stelle bei Tacitus (hier geht es um einen römischen Vorstoß fünf Jahre nach Varus' Niederlage):

> Ductum inde agmen ad ultimos Bructerorum, quantumque Amisiam et Lupiam amnis inter vastatum, haud procul *Teutoburgiensi saltu* in quo reliquiae Vari legionumque insepultae dicebantur.
>
> (In einem Zug ging das Heer von da bis zu der entferntesten Grenze der Brukterer; alles Land zwischen Ems und Lippe wurde verwüstet, nicht weit vom *Teutoburger Wald*, wo, wie man sagte, die Überreste des Varus und seiner Legionen unbestattet lagen.)

Da ist er also: der *saltus teutoburgiensis*, der Teutoburger Wald. So hat Tacitus es zwischen 110 und 120 n. Chr. veröffentlicht, und so findet man die Stelle jetzt, im Jahre 1508, wieder vor. Nur: Niemand weiß, wo er sein soll – der »Teutoburger Wald«. Es gibt keinen. Laut Tacitus soll er »nicht weit« vom Land zwischen Ems und Lippe liegen. Das ist alles, was man weiß.

Wo liegt der Teutoburger Wald?

1535 wagt Georg Spalatin einen Versuch: Er verfasst die erste Biographie über Arminius und geht wegen der klanglichen Ähnlichkeit mit »Teutoburg« von Duisburg als Schlachtort aus. 1584 und 1587 gibt Abraham Ortelius die Landkarten *Belgii veteris* heraus. Er bringt »Teutoburg« in Zusammenhang mit Doetinchen und lokalisiert den Teutoburger Wald östlich der Ijssel.

Der Paderborner Fürstbischof Ferdinand von Fürstenberg geht 1672 einen anderen Weg, einen sozusagen pragmatischen: Wenn es keinen Teutoburger Wald gibt, dann muss man eben einen erfinden. Der Bischof hat Tacitus' *Annales* gelesen, und er hat die Macht, den *saltus teutoburgiensis* auf Deutsch zu erschaffen – in seinem Herrschaftsbereich liegt der Osning, ein Mittelgebirgszug, zu dem auch das Eggegebirge im Südosten zählt. Mit einem Federstrich (oder vielmehr mit der *monumenta Paderbornensia*, siehe Bildtafel 2 nach S. 48) heißt der Osning jetzt »Teutoburger Wald«. (Noch heute »Osning« genannt wird der Teutoburger Wald süd-östlich von Bielefeld, rund um den Ebberg.)

Aus dem *saltus teutoburgiensis* wird der Teutoburger Wald

Man muss von Fürstenberg allerdings zugestehen, dass er nicht ganz selbstherrlich handelt: Zum einen hat der deutsche Geograph und Historiker Philipp Clüver schon 1616 in seiner *Germaniae antiquae libri tres* Tacitus ins Deutsche zurückübersetzt und den Namen »Teutoburger Wald« für den Osning geschaffen. Clüver ist dabei vom im Osning gelegenen Teutberg ausgegangen. Zum anderen haben bereits Johannes Cincinnius (1539) und Philipp Melanchthon (1559) den Osning als Schlachtort und *saltus teutoburgiensis* vermutet.

Jetzt gibt es ihn also, den Teutoburger Wald. Zwar ist der Name erst nachträglich entstanden, aber immerhin. Und nun bilden sich auch die Hunderte von Theorien, die am Anfang dieses Abschnitts erwähnt worden sind. Der Schwerpunkt liegt aber auf dem Gebiet des alten Osning, nun Teutoburger Wald.

Der Dichter Friedrich Gottlieb Klopstock sieht 1774 diese Gegend als Schlachtort an und beruft sich auf Funde von Waffen, Schädeln und Münzen mit den Bildnissen Cäsars und Augustus'. Der numismatische Ansatz ist bis heute besonders bedeutsam in der Diskussion geblieben. (Siehe Bildtafel 3 nach S. 48.)

Vier Einheiten von Theorien und ein paar Individualisten

Weil es bei der Masse an Theorien leicht unübersichtlich werden kann, folgt hier eine Systematisierung, die Harald von Petrikovits 1966 in den *Bonner Jahrbüchern* vornahm. Er bündelte die Vielzahl der Meinungen zu vier Einheiten:

1. Die Nordtheorie verortet die Schlacht an den nördlichen Rand von Wiehen- und Wesergebirge. Hier liegt auch der Fundplatz Kalkriese (siehe Bildtafel 5 nach S. 48);
2. die Südtheorie bezieht sich auf das Bergland südöstlich der Münsterländer Bucht;
3. die Lippe'sche Theorie nennt die östliche Hälfte des Teutoburger Waldes oder den Teil östlich davon bis zur Weser;
4. die Münsterländer Theorie geht von der Gegend südwestlich des Teutoburger Waldes bei Beckum oder knapp östlich davon aus.

Allerdings gibt es noch Theorien zu Orten, die nicht in dieses Schema passen. Diese sind vor allem:

1. die Gegend um Halberstadt am Harz;
2. die Region um Hildesheim: Diese These stützt sich auf den Hildesheimer Silberfund von 1868, bei dem römisches Tafelsilber aus augusteischer Zeit entdeckt wurde;

3. der Tautenburger Wald bei Jena: Dieser Ansatz stammt aus dem 1956 erschienenen Buch *Media in Germania* von Walther Pflug. Eine phonetische Ähnlichkeit mit *saltus teutoburgiensis* ist nicht zu verkennen, jedoch fehlt hier ein archäologischer Nachweis;
4. das Dorf Varsseveld in Gelderland, den östlichen Niederlanden.

Höhepunkte aus zweieinhalb Jahrhunderten Diskussion

Nach diesem Überblick seien jetzt noch weitere wichtige Namen und deren Auffassungen genannt, die die jahrhundertelange Diskussion geprägt haben. Ausgangspunkt ist die Zeit nach Klopstocks These von 1774:

Der Historiker Justus Möser schreibt 1780 die *Osnabrückische Geschichte* und verlegt den Schlachtort nach Osnabrück-Voxtrup. Zwar liegt Voxtrup im Südosten Osnabrücks, während Kalkriese bei Bramsche im Norden der Stadt liegt, aber Mösers Annahme liegt nicht allzu weit vom heutigen Favoriten entfernt.

Im Jahr 1820 veröffentlicht der Baumeister Wilhelm Tappe *Die wahre Gegend und Linie der dreitägigen Hermannsschlacht mit einer Karte*. Tappe hat römische Grabhügel in der Region Paderborn und Lippe gefunden, die für ihn als Beweis gelten.

1823 erscheint *Der Kirchsprengel Weitmar, oder über die Gegend, wo Hermann den Varus schlug* von Johann Carl Friedrich Petersen, Pfarrer aus Bochum-Weitmar. Er sieht den Verlauf der Schlacht bei Unna, Lütgendortmund und Bochum.

Die Stunde des Theodor Mommsen und ein Schabernack von Pennälern

Nun kommt die Stunde des großen Historikers Theodor Mommsen, der 1902 für seine *Römische Geschichte* den Nobelpreis für Literatur erhält. 1885 sieht Mommsen die umstrittene Gegend nördlich des Kalkrieser Bergs im Wiehengebirge, in *Die Örtlichkeit der Varusschlacht*. Er stützt sich dabei auf Münzfunde. Hundert Jahre später wird ein britischer Offizier und Forscher Mommsens These neuen Auftrieb verleihen (siehe dazu S. 27f.).

Der Altphilologe, Heimatforscher und Schuldirektor Friedrich Knoke findet in den 1920er Jahren bei Grabungen in Bad Iburg eine Tonscherbe, auf der steht: »TE SALUTANT, CNOCE, QUINTILIUS VARUS GRATUS TUUS« (»Es grüßt dich, Knoke, dein dankbarer Quintilius Varus« – Schreibweise und Grammatik des Zitats werden so wiedergegeben, wie es zu lesen steht, auch Varus' falsch geschriebener Vorname). Knokes Schüler haben sich einen Schabernack mit ihm erlaubt. Jedoch steht seine Theorie, wonach die Varusschlacht in Bad Iburg (südlicher Landkreis Osnabrück) stattgefunden habe, gleichberechtigt neben der Mommsens in einem historischen Schulatlas, der damals das Standardwerk ist. Knoke richtet sich gegen Mommsens These von Kalkriese und nimmt an, dass dort erst die Schlacht zwischen Germanicus und Arminius im Jahre 15 n. Chr. stattfand, sechs Jahre nach der Varusschlacht. Zu lesen ist dies bereits in Knokes Schrift *Das Varuslager bei Iburg* von 1900.

An Wasserscheiden entlang zum Schlachtort?

1930 verlegt sich Hermann Kreye in *Hermanns Befreiungskämpfe gegen Rom – Die Varusschlacht und ihre Örtlichkeiten* weiter nach Osten und vermutet den Schlachtort auf der rechten Seite der Weser.

Heinz Winter meint 1979, die Schlacht müsse an der mittleren Ruhr stattgefunden haben (*Hochgericht und Herrlichkeit Stiepel – Varusschlacht zwischen Bochum und Witten*).

1982 erscheint *Die Varusschlacht in den Beckumer Bergen und das Roemerlager Aliso bei Lippborg* von Georg Schumacher. Der Autor vermutet den Schlachtort in den Beckumer Bergen.

Wilhelm Leise geht 1986 einen neuen Weg: Er analysiert die Marschrouten der römischen Legionen entlang von Wasserscheiden und kommt zu dem Schluss, die Varusschlacht habe im Bereich der Briloner Hochfläche stattgefunden (*Wo Arminius die Römer schlug. Wege auf Wasserscheiden führen zum Ort der Varus-Schlacht*). Diese Meinung lässt sich aber nicht auf archäologische Funde stützen.

Ein britischer Major sorgt für Aufregung

Major Tony Clunn sorgt 1987 für einen Paukenschlag und endgültig dafür, dass Kalkriese bei Osnabrück heute der Favorit in der Diskussion ist. Der britische Offizier und Hobbyarchäologe bezieht sich auf Theodor Mommsens Theorie, studiert Karten und entdeckt bei Grabungen in Kalkriese Münzen aus der Zeit des Augustus sowie Schleuderbleie. Unterstützt wird Clunn vom (Profi-)Archäologen Wolfgang Schlüter. Auf Clunn geht auch die Entdeckung der eisernen Gesichtsmaske zurück, die Teil eines Maskenhelms war und heute Symbol des Museums und Parks Kalkriese ist (siehe Bildtafel 6 nach S. 48). Kalkriese erweist sich als Fundgrube für altrömische Artefakte, aber auch Knochen aus jener Zeit entdeckt man dort. Auf die Fundregion Kalkriese kommt das Buch am Ende dieses Abschnitts noch zurück. Hier sei nur betont: Kalkriese liegt nicht mehr im Teutoburger Wald, sondern an dessen Rand. Falls Kalkriese also der Schlachtort war, dann war die Varusschlacht auch nach der Umtaufung des

Osning durch Bischof von Fürstenberg nicht die vielbesungene »Schlacht im Teutoburger Wald«.

Das Hauptlager als Schlachtort?

Über den Schlachtort wird viel spekuliert. Heinz Ritter-Schaumburg vertritt 1988 in *Der Cherusker* die Ansicht, die Schriften von Cassius Dio, Florus und Velleius deuteten auf das Hauptlager des Varus als Schlachtort und damit auf die Umgebung der Externsteine südöstlich von Detmold.

1989 vermutet Peter Glüsing vom Institut für Frühgeschichte der Universität Münster hingegen, die Schlacht habe im östlichen Westfalen stattgefunden (*2000 Jahre Römer in Westfalen*).

Rainer Friebe schreibt dann 1999 ein Buch mit dem verheißungsvollen Titel *... gesichert von Türmen, geschützt vom Schwert ... Varusschlacht bei Halberstadt. Die Lösung aller großen Rätsel aus der Römerzeit in Germanien*, und Rolf Bökemeier formuliert die These, die Schlacht habe in der Nachbarschaft des Hermannsdenkmals bei Detmold stattgefunden (*Die Varusschlacht*, 2000; *Römer an Lippe und Weser*, 2004).

Saltus teutoburgiensis als Opferwald einer Volksburg?

Im Jahr 2005 veröffentlicht Wilm Brepohl seine *Neue Überlegungen zur Varusschlacht*. Er interpretiert den *saltus teutoburgiensis* als Opferwald einer Teutoburg, wobei »-burg« eine befestigte Höhe bedeute und »Teuto-« dem germanischen *theudo* entspreche, was mit »Volk« gleichgesetzt wird: »Volksburg«, eine zentrale Kultstätte. Varus habe mit seinem Truppenaufmarsch ein rituelles Opferfest der Germanen gestört und damit einen Eklat ausgelöst, den Arminius vorausgesehen und ausgenutzt habe. Dieser Opferwald liege vermutlich im Lipperland.

Peter Oppitz schreibt 2006 in *Das Geheimnis der Varusschlacht*, die Schlacht habe sich bei Paderborn ereignet. Er plädiert für eine andere Bewertung der Quellen Cassius Dio, Velleius Paterculus, Tacitus und Florus.

Die Varusschlacht in den heutigen Niederlanden?

Albert Böhmer betreibt die Website www.clades-variana.com. Dort findet sich eine umfangreiche Untersuchung der Varusschlacht. Böhmer hängt der Theorie an, die Schlacht habe sich im niederländischen Achterhoek ereignet. Dabei versteht er die Klever Landwehr, eine vierzig Kilometer lange Wallanlage bei Wesel und Borken, als die *limites*, die Paterculus und Tacitus erwähnen.

Der heutige Favorit: Kalkriese bei Osnabrück

Nun noch einmal zum derzeitigen Favoriten der Diskussion: Kalkriese – ein Fundareal sechzehn Kilometer nordöstlich von Osnabrück und zehn Kilometer östlich von Bramsche. Die Senke ist rund sechs Kilometer lang und an der schmalsten Stelle rund einen Kilometer breit, ein Engpass. Im Norden liegt das Große Moor, im Süden der Kalkrieser Berg. Die Fundregion ist über dreißig Quadratkilometer groß. Auf dem Gelände liegt seit der Expo 2000 auch die Anlage »Museum und Park Kalkriese«.

Theodor Mommsen begründet 1885 seine Annahme, Kalkriese sei der Ort der Varusschlacht, mit numismatischen Funden:

Meines Erachtens gehören die in und bei Barenau gefundenen Münzen zu dem Nachlass der im Jahre 9 n. Chr. im Venner Moor zugrundegegangenen Armee des Varus.

Major Tony Clunn entdeckt 1987/88 zwar auch haufenweise Münzen, aber hauptsächlich drei Schleuderbleie und damit die ersten altrömischen Militaria, die in der Gegend gefunden werden. Die gefundenen Gegenstände sind gut konserviert, weil

Der Ausstellungs- und Aussichtsturm im Museum und Park Kalkriese.

sie unter einer meterhohen Moorschicht begraben waren, die sich zur Düngung in der sogenannten Plaggen(land)wirtschaft gebildet hatte.

Scorpiones – Bazookas der Antike

Bei den umfangreichen Ausgrabungen, die seit Clunns Funden stattfinden, entdeckt man Tausende römische Münzen, keine jedoch jünger als aus dem Jahr 9 n. Chr., dem Zeitpunkt der Schlacht. Unter den Münzfunden sind auch solche mit Varus' Gegenstempel (»VAR«) aus den Jahren 7–9 n. Chr. Außerdem werden auf dem Kalkrieser Areal erstmals Bolzen gefunden, die zu Torsionsgeschützen oder *scorpiones* gehören, einer Art Bazookas der Antike. Diese Geschütze wurden jüngst am Computer nachentworfen und getestet. Ihre Durchschlagkraft ist enorm; im Kollektiv wirkten sie wie ein Maschinengewehr. Allerdings benötigen *scorpiones* zur Wirkung ausreichend Distanz, sodass sie den Legionen in der Schlacht auf beengtem Raum nicht helfen konnten.

Festzuhalten bleibt nach wie vor, dass die wissenschaftliche Debatte um den Schlachtort nicht abgeschlossen ist. Eine große Mehrheit der Althistoriker hält eine Verbindung von Kalkriese und Varusschlacht für plausibel. Dazu passen die Datierung der Münzen und die Untersuchung der Tier- und Menschenknochen. Die Funde sind auf eine Weise gestreut, die zu einer Schlacht passt, die vier Tage dauerte.

Ausgrabung bei Kalkriese.

Genau wird man es wohl nie wissen

Nach wie vor gibt es jedoch Historiker von Rang, die die Theorie von Kalkriese als Ort der Varusschlacht ablehnen: Reinhard Wolters und Peter Kehne etwa interpretieren die Funde von Kalkriese als Überreste der Schlacht des Caecina an den *pontes longi* eines Generals von Feldherr Germanicus im Jahre 15 n. Chr. Der Leiter des archäologischen Landesamtes Sachsen-Anhalt, Harald Meller, nennt es »rätselhaft und merkwürdig«, dass keinerlei Hinweise auf die Beteiligung von Germanen entdeckt worden seien – keine Lanzenspitzen, keine Schildbuckel, keine

Schuhnägel – Kleinteile also, die sich im Gras verlieren und später auch nicht aufgesammelt werden.

2009 fanden Archäologen allerdings über Bodenverfärbungen die Reste eines von Germanen als Hinterhalt errichteten Walls von etwa vierhundert Metern Länge, rund vier Meter breit und bis zu zwei Meter hoch. Die Leiterin der Ausgrabungen, Susanne Wilbers-Rost: »Es sieht so aus, dass der Wall ganz gezielt für den Angriff angelegt wurde.«

Genau wird man es wohl nie wissen.

Die rekonstruierten Wälle auf dem Varusschlachtfeld bei Kalkriese.

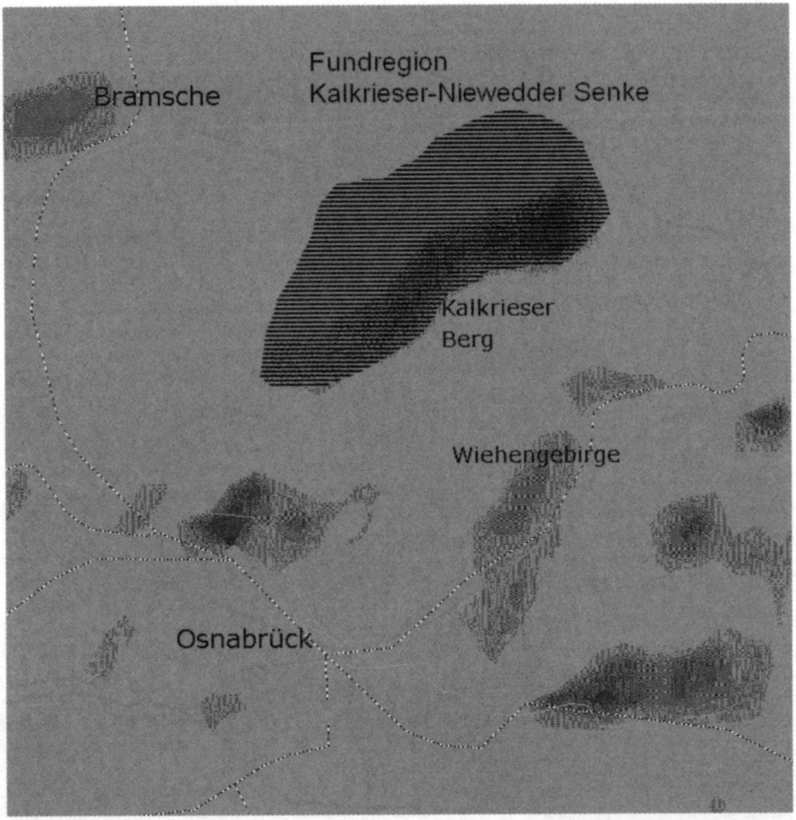

Karte der Fundregion Kalkrieser-Niewedder Senke.

2. Vorgeschichte, historischer Hintergrund: das Pulverfass Germanien

Derweil waren auf der linken Rheinseite aus römischen Lagern große Städte erwachsen, die Vorläufer von Nijmegen, Xanten, Köln, Bonn, Koblenz und Mainz. In den Mauern dieser Metropo-

> len tobte das pralle Leben mit Brot, Spielen und Gesundheitsversorgung. Die Germanen auf der rechten Rheinseite schauten zu – der Ostblock der Antike.

So schreibt der Archäologe Dirk Husemann am 14. Januar 2009 in der *Welt* (»Wie die Deutschen die Varusschlacht zurechtbogen«). Das linksrheinische Germanien ist zum Zeitpunkt der Schlacht seit rund fünfzig Jahren römisch besetzt. Germania magna, das rechtsrheinische Germanien, ist in den Augen der Römer ein Urwald, bewohnt von Teufeln.

Ein »Germanien« gibt es nicht

Man muss sich heute hüten, die zeitgenössischen Vorstellungen auf die Welt vor über zweitausend Jahren anzuwenden – »Germania« im Sinne eines Staates oder gar einer Nation gibt es natürlich damals nicht. Es gibt auch keine Germanen, die sich als Einheit fühlen, sondern eine Vielzahl von Stämmen, die einmal miteinander paktieren und dann wieder Krieg gegeneinander führen. Die »Ger-manen«, das sind die Männer mit dem Ger, dem Speer. Der Ausdruck »Germania« findet sich zum ersten Mal 80 v. Chr. beim Schriftsteller Poseidonios, und auch Julius Cäsar verwendet ihn. Seine Darstellung ist auch maßgeblich dafür verantwortlich, dass die Fremdbezeichnung »Germanen« ihren Siegeszug antritt. Kein Chauke, Friese, Markomanne oder Cherusker bezeichnet sich selbst aber damals als Germane. Diese Stämme bilden schlicht keine ethnische oder kulturelle Einheit.

In diesem Sinne definiert auch Tacitus in seiner *Germania* (98 n. Chr.) Germanien als eine Region, die von verschiedenen germanischen Stämmen besiedelt sei. Als Grenzen nennt Tacitus vor allem den Rhein, die Donau und die Weichsel. Ein Blick auf die in Tacitus' Werk genannten Stämme und deren geographische Streuung verdeutlicht, dass sie keine Einheit bilden können, schon gar keine homogene: Bataver, Chatten, Tenkterer, Usiper, Brukterer, Chamaver, Angrivaner, Dulgubner, Chasuvarier, Friesen, Chauken, Kimbern, Sueben, Langobarden, Reudinger, Avionen, Angher, Variner, Eudosen, Suardonen, Nuitonen, Narisker, Markomannen, Marsigner, Quaden ... und es geht noch weiter mit Goten, Hariern, Helisiern, Helvekonen, Lugiern, Manimern, Naharnavalen, Suionen, Sitonen und anderen mehr.

Dieses Buch verwendet die Begriffe »Germanien« und »Germanen« daher im Wesentlichen im Sinne von Tacitus, also als Sammelbegriff für alle Völker, die damals in den von Tacitus bezeichneten Grenzen leben: Germania magna.

Römer und Germanen stoßen erstmals aufeinander

Rom ist zu seiner Blütezeit immer hungrig. Hungrig nach neuen Provinzen. 113 v. Chr. kommt es zur Schlacht bei Noreia, die häufig als erste Schlacht zwischen Römern und Germanen bezeichnet wird. Tatsächlich stehen den römischen Truppen Einheiten von Kimbern, Teutonen und Ambronen gegenüber, bei der keltischen Siedlung Noreia im östlichen Alpenraum. Nach der Schlacht steht es 0:1 gegen Rom.

105 v. Chr. kommt es zur Schlacht bei Arausio, dem heutigen Orange in der Provence. Die Römer werden vernichtend von den Kimbern und Teutonen geschlagen. In Rom bekommt man es mit der Angst zu tun, dass der germanische Tross gegen Rom ziehen und seinen Untergang besiegeln wird, der Angst vor dem *furor teutonicus*. Diese Angst ist allerdings wohl unbegründet. Die Kimbern und Teutonen wollen Rom gar nicht besetzen.

Die Angst vor dem *furor teutonicus* wird geboren

Rom gibt selbstverständlich nicht auf: 102 v. Chr. schlagen Legionen unter Feldherr Gaius Marius die Teutonen und Ambronen bei Aquae Sexiae (dem heutigen Aix-en-Provence). Hiernach ist der Heerzug der Teutonen vernichtet. 101 v. Chr. besiegen die römischen Truppen die Kimbern, die es danach nicht mehr gibt.

Julius Cäsar beschreibt in seinem *De bello Gallico* (52/51 v. Chr.) den Rhein als Grenze zu Germanien. Er erobert die linke Seite, sieht als echter Römer das Projekt aber selbstverständlich nicht als abgeschlossen an. Noch während des »gallischen Krieges« lässt Cäsar zwei Brücken über den Rhein bauen (vermutlich im Neuwieder Becken bei Koblenz). Die linksrheinischen Stämme lassen sich ohne größere Schwierigkeiten romanisieren. Der Handel zwischen Römern und linksrheinischen Germanen blüht. In der Folge findet auch ein reichhaltiger Austausch der Kulturen statt. Die rheinnahe germanische Oberschicht lässt ihren Nachwuchs zum Teil in Rom ausbilden.

Die römische Strategie: sichern und erobern

Nun folgt die lange Herrschaftsperiode des Kaisers Augustus (63 v. Chr. – 14 n. Chr.), ab 31 v. Chr. und bis über die Varusschlacht hinaus. Augustus lässt ein Straßennetz bis zum Rhein errichten und baut dort die bewährte römische Verwaltung auf. Links des Rheins gründet sich Trier (Augusta Treverorum). Südlich der Donau bildet sich das Militärlager Augusta Vindelicorum, aus dem sich Augsburg entwickelt. Von Anlagen wie dieser will Augustus die Expansion in Mitteleuropa vorantreiben.

Die augusteische Strategie lautet: sichern und erobern. Ab 15 v. Chr. sind dazu Drusus und Tiberius am Zug, die Stiefsöhne des Kaisers. Drusus gründet linksrheinisch weitere Lager und Kastelle, darunter die heutigen Städte Bonn, Nijmegen, Xanten und Mainz. Ab 12. v. Chr. führt er Erkundungszüge auf der rechten Rheinseite durch und gelangt so bis Elbe und Saale. Seine Flotte befährt über die Nordsee die Ems. Händler kommen nach Germania magna, die Römer bauen Straßen, Bergwerke, Märkte und planen Städte.

Das römische Reich ist zur Zeit des Augustus auf dem Höhepunkt seiner Macht. Der Begriff »Supermacht« nach heutigem Maßstab ist noch untertrieben – Rom ist die einzige Macht. Dieses ungeheure Machtpotential liegt in den Händen einiger weniger. Der Erfolg fußt auf Roms hocheffektiver Organisation von Militär und Verwaltung. Rom macht die Eroberung zur Kunst: Es verwandelt fremde Gebiete in lukrative Provinzen. Der Hunger Roms hat daher auch ökonomische Gründe, neben dem vielzitierten »Zur Ehre Roms«. Die riesigen Landstriche der Provinzen muss das Reich natürlich gut organisieren. Dazu legt es eine Infrastruktur an, die alle Lebensräume betrifft: Verwaltung, Gerichtsbarkeit, Ökonomie, Verkehrsnetz und Export römischer Kultur.

Auf der anderen Seite bringt die Unterwerfung den Bewohnern der Provinzen nicht nur Positives: Zwar haben sie auch an den Vorteilen römischer Zivilisation teil, aber die Provinzen dienen der römischen Aristokratie zur Ausbeutung. Rom ist pragmatisch. Wenn Eroberungen die Götter zufriedenstellen, ist das schön, aber Provinzen sind in erster Linie eine ökonomische Chance und eine sicherheitspolitische Herausforderung. Um Rom zu sichern und zu erweitern, steht eine Streitmacht bereit, wie es sie bis zum 19. Jahrhundert als stehendes Heer nicht größer gibt. Dieses umfasst rund dreihunderttausend Mann und ist bis heute die größte Berufsarmee aller Zeiten.

Rom steht vor Germania magna

Rom hat den Mittelmeerraum erobert. Darüber will es schon lange hinaus. Es hat mehr Hunger. Julius Cäsar hat in den Fünfzigerjahren vor der Zeitenwende Gallien erobert und es wie üblich in lukrative Provinzen verwandelt. Danach sind Mittel- und Nordeuropa immer stärker in den Fokus des römischen Reichs gerückt. Cäsar beschreibt Germanien noch als formloses Gebiet. In augusteischer Zeit gewinnt die Vorstellung von Germanien aber zunehmend an Gestalt.

In Rom denkt man in Perspektiven: Zu der allgemeinen Schreckensvorstellung von unendlichen Sümpfen und feuchten Wäldern voll barbarischer Aggressoren gesellt sich eine fortschreitende Kenntnis von Orientierungspunkten in der germanischen Geographie. Zwar schreckt den kultivierten mediterranen Beobachter immer noch die Unwirtlichkeit Germaniens ab, aber Germania magna erscheint zunehmend als Gebiet, aus dem sich etwas machen lässt.

Problematisch bleibt aber, dass Germanien verkehrsfeindlich ist. Es wird schwierig sein, dort eine römische Organisation aufzubauen und durchzusetzen. Das Gebiet wird den römischen Feldherren auch nie wirklich bekannt sein, nicht jetzt und nicht später. Daher ist für die Römer eines besonders wichtig: verlässliche germanische Partner – Stämme oder deren Anführer, die die schwierigen Situationen einschätzen können und durch ihre Ortskenntnisse hilfreich sind. Dies ist noch wichtiger als die geographische Erkundung Germaniens und die eigene, aufwendige Einschätzung der strategischen Lage. Rom wird aber nie in ein davon unabhängiges Stadium der Eroberung von Germania magna kommen.

Die Schlacht von Arbalo – Lehrstück für Arminius?

11 v. Chr. kommt es zu einer Schlacht, die Ähnlichkeiten mit der Varusschlacht aufweist: der Schlacht von Arbalo. Heute weiß niemand mehr genau, wo das liegt. Man weiß, dass Drusus in diesem Jahr den Rhein überquert. Sein Auftrag aus Rom lautet, das Gebiet jenseits des Rheins zu befrieden. Die Rheingrenze soll sicher sein, allerdings in einem weiten Verständnis: Drusus unterwirft in Germania magna zuerst einmal den Stamm der Usipeter, baut eine Brücke über die Lippe und zieht bis zur Weser. Als das römische Heer zurück zum Rhein marschiert, wird es von Cheruskern und anderen germanischen Stämmen in einen Hinterhalt gelockt. Dasselbe Schema liegt der Varusschlacht zugrunde. In der Schlacht bei Arbalo siegt jedoch das römische Heer, trotz hoher Verluste. Der Überraschungseffekt ist zwar auf Seiten der Germanen, die die Römer einkesseln wie später bei Varus, aber die Angreifer operierten zu undiszipliniert. Aus solchen Schlachten mag Arminius später seine Lehren gezogen haben.

Einstweilen siegt Drusus weiter. 9 v. Chr. schlägt er vernichtend die Markomannen im Maingebiet, verstirbt dann jedoch. Jetzt hat sein Bruder Tiberius den alleinigen Oberbefehl in »Germanien«. Er organisiert, siedelt um, baut Brücken und verwaltet; er lässt an der Lippe Häfen und Kastelle errichten, von wo aus die Legionen weiter nach Osten vorstoßen sollen, und schafft Baumaterial auf Schiffen heran. 1. v. Chr. dringen die Legionen ins Gebiet östlich der Elbe vor. In den Jahren 1–4 n. Chr. kommt es unter den germanischen Stämmen zu Unruhen. Tiberius unterwirft sie 4/5 n. Chr. bis an die Elbe. 7 n. Chr. wird Publius Quinctilius Varus Befehlshaber am Rhein. Er soll als Statthalter eine Provinzorganisation aufbauen, römisches Recht einführen und Steuern erheben.

Die germanische Gesellschaft: Krieger und Bauern

Soweit die Schilderung aus römischer Sicht. Die Germanen können um die Zeitenwende nichts überliefern, weil sie keine Schriftsprache haben. Wie sehen die Gesellschaften in Germania magna aus? Sie bestehen aus Kriegern und Bauern, züchten Vieh und betreiben Ackerwirtschaft. Die Handwerkskunst ist teilweise hochentwickelt. Die Stämme siedeln sehr verstreut und bilden maximal Dörfer aus, nichts Größeres, Städte kennen sie nicht. Eine Verwaltung oder geschriebene Gesetze sind ebenso unbekannt; das Recht stammt aus ungeschriebenem Gewohnheits- oder Sittenrecht. In dessen Zentrum stehen Familie und Sippe – die unmittelbare Umgebung. Hier hat unbedingter Friede zu herrschen.

Die germanische Ethik kreist um die Ehre, die des Einzelnen und die der Sippe. Geht die Ehre nach diesem Verständnis verloren, muss sie wiederhergestellt werden, und zwar durch Rache. Dazu rächt sich die Sippe des Opfers gern an der ganzen Sippe des Täters. Die Ehre erfordert außerdem unbedingte Treue eines Gefolgsmanns gegenüber seinem Herrn. Dies wird in schweren Konflikten besonders bedeutsam wie auch in der Auseinandersetzung mit den römischen Legionen. Zentraler Begriff der Germanen ist auch das Heil. Das Heil ist eine Gunst der Götter jenseits des Glücks. Es betrifft die Ernten, das Fischen, den Fahrtwind, das Wetter – und auch den Sieg. Einem Anführer, der das Siegesheil hat, folgen die Germanen ohne Wenn und Aber. Fällt er, dann fliehen seine Gefolgsleute; verliert er, dann wird er abgesetzt.

Siegesheil, Sittenstrenge und Treue als Vorbild bei Tacitus

Tacitus beschreibt in der *Germania* (98 n. Chr.) die Sittenstrenge und die selbstverständliche Organisation mit Bewunderung und wohl auch Übertreibung und Verklärung. Anscheinend möchte er einen Kontrast zum Sittenverfall der römischen Gesellschaft bilden; er erwähnt allerdings auch Faulheit und Streit-, Trunk- und Spielsucht der Germanen. Diese negativen Eigenschaften führen danach im Zusammenspiel mit dem harten Verständnis von Ehre und Blutrache zu einer ständigen Selbstzerfleischung zwischen und in den Stämmen.

In den germanischen Stämmen gibt es keine Geburtsmonarchie, allerdings eine Art Geburtsadel: angesehene Familien, die traditionell Führungskräfte hervorbringen. Verpflichtet sind die Stämme nur sich selbst, nicht dem Land. Einige Stämme sind Nomaden auf ständiger Wanderschaft. Das führt dazu, dass die heutigen Vorstellungen von geographischen Machtsphären und Einflussbereichen kaum auf die Strukturen in der Germania magna der Zeitenwende anzuwenden sind. Man vermutet, dass die politische Willensbildung von der Sippe ausgeht, je nach Einfluss und Ansehen des Einzelnen. Sie wird dann über Nachbarschaftsversammlungen bis hin in die große Stammesversammlung (den Thing) weitergetragen.

In religiöser Hinsicht stehen die Germanen den Römern nicht allzu fern. Auch die germanischen Religionen sind polytheistisch, mit familiären Beziehungen und Konflikten unter den Göttern. Allerdings stehen die Germanen aufgrund ihrer Zivilisation den Naturreligionen noch näher als die Römer. Feste Tempel gibt es in Germania magna genauso wenig wie eine standardisierte Verehrung. Allerdings existieren Priester, die die Traditionen wahren.

Cäsars Massaker in der Nähe des heutigen Nijmegen

Ehre und Rache sind zentrale Begriffe der germanischen Ethik, das wurde beschrieben. In diesem Bewusstsein germanischer Stämme steckt ein Pfahl: Julius Cäsar ist während seines gallischen Krieges in Ostgallien auf germanische Verbände getroffen. Triboker, Sueben und andere Stämme haben 58 v. Chr. den Rhein überschritten und sind in Gallien eingefallen. Cäsar siegt über die Germanen. Bei Verhandlungen über die germanische linksrheinische Landnahme lässt er dann einen gesamten Stamm niedermetzeln, samt Frauen und Kindern. Es ist die Rede von vierhunderttausend Menschen, die bei diesem Blutbad ums Leben kommen.

Der römische Senat tadelt Cäsar offiziell. Das ändert aber nichts mehr an der verhärteten germanischen Sicht. Dieses Massaker vergessen die germanischen Stämme nicht, und der Vorwurf an Rom taucht in der Folgezeit immer wieder auf. Was für Cäsar eine Machtdemonstration war, erzeugt bei den Germanen Hass. Auf der einen Seite bewundern und fürchten sie Cäsars Feldherrenkunst und seine rücksichtslose Entschlossenheit. Seine Hinterlist und sein unehrenhaftes Verhalten aber erzeugen vor dem Hintergrund der germanischen Ethik ganz besonderen Abscheu.

Die Ruhe nach und vor dem Sturm

Cäsars Grenzfestlegung am Rhein hat aber das zur Folge, was oben schon erwähnt wird: einen reichhaltigen Austausch zwischen Römern und Germanen in Bezug auf Handel, Kultur und Menschen. Unter römischen Literaten beginnt eine Mode, sich mit dem germanischen Leben und Glauben auseinanderzusetzen. Man glorifiziert die germanischen Sitten und Werte und hält sie den Römern als Lehrstück hin. Kaiser Augustus wählt ausschließlich Germanen zu seiner Leibwache, im Vertrauen auf deren unbedingte Treue. Die Reiterei der Römer besteht lange Zeit nur aus germanischen Hilfstruppen.

Nach der Erzwingung der Rheingrenze durch Cäsar bleibt es erst einmal einige Zeit ruhig. 16 v. Chr. aber eskaliert die Lage. Germanische Verbände überschreiten wieder den Rhein, ziehen plündernd durch Gallien und schlagen die V. Legion vernichtend. Dies ist der Punkt, an dem Rom seine Politik ändert und beschließt, Germanien zur Provinz zu machen, mit Drusus und Tiberius als Beauftragten.

Der Batonische Krieg auf dem Balkan unterbricht die weitere Expansion Roms

Tiberius hat die Unruhen der germanischen Stämme 4/5 n. Chr. bis an die Elbe niedergeworfen, wie erwähnt. Hinter die Elbe haben sich die Stämme der Sueben und der Markomannen unter ihrem Anführer Marbod gerettet. Weiter will Augustus aber vorerst nicht vordringen: Auf dem Balkan ist 6 n. Chr. der Batonische Krieg bzw. Pannonische Aufstand ausgebrochen. Dieser Krieg auf dem Balkan bindet fast zwei Drittel der römischen Legionen. Das unterbricht die Operation, die das Reich Marbods und der Markomannen zerschlagen soll. Publius Quinctilius Varus ist seit 7 n. Chr. Befehlshaber am Rhein.

Was ist seine Ausgangslage? Der Auftrag lautet weiterhin, Germanien in eine Provinz zu verwandeln. Dazu hat er drei Legionen im Rücken. Zum Vergleich: Auf dem Balkan befinden sich fünfzehn Legionen, die auch aus Germanien abgezogen sind. (Eine Legion besteht zu jener Zeit aus fünfeinhalbtausend Soldaten. Inklusive Auxiliar-, also Hilfstruppen und Tross kommt eine Legion damit auf etwa elftausend Mann.) Die römische Position in Germania magna ist daher geschwächt.

Varus begreift, wie wichtig das Geflecht der germanischen Stämme untereinander ist und das Verhältnis Roms zu den Stämmen und deren Anführern. Er verwaltet die bestehenden Beziehungen und pflegt sie.

»Wir stehen heute den Römern näher als den Germanen«

Schaut man sich die beiden Gesellschaften an, die sich vor diesem Hintergrund und schließlich in der Varusschlacht gegenüberstehen, nämlich stark vereinfacht »die römische« und »die germanische«, dann kann man heute in Mitteleuropa nicht anders, als deutlich mehr Gemeinsamkeiten mit der römischen Zivilisation zu entdecken als mit der germanischen. So schreibt Richard Herzinger:

> Die Ursprünge unseres geschichtlichen und kulturellen Werdegangs sind viel mehr mit jenen germanischen Stämmen verbunden, die sich der römischen Zivilisation geöffnet haben. (»Wir stehen den Römern näher als den Germanen«, *Die Welt*, 12. April 2009)

Und:

> Die »Freiheit«, die Arminius erkämpfte, bedeutete vor allem, dass ein großer Teil Germaniens von der zivilisatorischen Entwicklung Europas abgeschnitten und auf dem Stand einer Naturalwirtschaft ohne geschriebenes Recht blieb. (ebd.)

Die Unterschiede zwischen Römern und Germanen sind ein Pulverfass für Varus

Römer und Germanen haben in vielen Bereichen eine ganz unterschiedliche Weltsicht und Gesellschaft. Bei den Römern blühen Kunst, Kultur, Literatur. Nach dem Standard ihrer Organisation sind sie beinahe eine moderne Gesellschaft. Sie leben in einem Staat, haben Gesetze und Gerichte, Heizungen und öffentliche Bäder. Die Oberschicht lebt in riesigem Luxus. Die Armee vollbringt militärische, technische und logistische Meisterleistungen.

Die Germanen kennen keinen Staat. Sie leben in der Sippe. Man ist in dieser und mit anderen Sippen verwandtschaftlich verbunden. Das bedeutet: Mit der Zeit muss Rom in den Kriegen quasi jeden einzelnen Germanen zur Blutrache gefordert haben. (Das gilt besonders für Cäsars Blutbad in der Gegend von Nijmegen.)

Die Römer dagegen haben ein ausgefeiltes Rechtssystem, dessen Prinzipien zum Teil heute noch gelten. Diese staatliche Gerichtsbarkeit ist unvereinbar mit persönlicher Rache. Der germanische Glaube an Treue, Ehre und Heil ist für Rom zwar faszinierend, aber fremd. Die Germanen sehen das Siegesheil auf Seiten von Drusus, Tiberius und Cäsar. Gerade aber wegen Cäsar und der römischen Gräueltaten seit seinem Krieg in Gallien bildet sich ein ungeheurer Hass auf Rom. Germanische Edle haben römische Bildung und Zivilisation oft kennen und lieben gelernt. Teils werden sie dadurch zu glühenden Anhängern des römischen Reichs. Teils werden sie aber auch zu kenntnisreichen Feinden der Römer.

Der Krieg auf dem Balkan ist ein Schnitt in der Entwicklung Germaniens

Im Jahr 6 n. Chr., dem Jahr des Batonischen Krieges oder Pannonischen Aufstandes, besteht die realistische Möglichkeit, dass Germanien römische Provinz wird. Germanien ist reich an Rohstoffen, Bevölkerung und Fläche (siehe Bildtafel 7 nach S. 48). Es könnte eine herausragende Stellung unter den Provinzen erlangen. Drusus und Tiberius waren militärisch erfolgreich und haben politisch das komplizierte germanische System aus Bündnis und Treue durchschaut und genutzt. Auf der anderen Seite haben Römer die Germanen seit Jahrzehnten schwer drangsaliert und sind respektlos mit germanischen Werten wie Ehe, Familie, Verwandtschaft und Ehre umgegangen. Provinz oder nicht? Das ist jetzt die Frage.

Diesen Hexenkessel findet Varus vor. Tiberius verlässt Germanien mit römischen Truppen in Richtung Balkan und lässt Varus nur drei Legionen zurück. Aus germanischer Sicht nimmt Tiberius auch sein Siegesheil mit. Denn dieses geht nicht etwa auf Varus über, sondern ist ganz an den Einzelnen gebunden.

3. Die Kontrahenten: Arminius und Publius Quinctilius Varus

Ein Blick auf die beiden Feldherren wird zeigen, dass die Klischees von der Varusschlacht nichts mit der Wirklichkeit gemein haben.

Auf römischer Seite: der Senator und Feldherr

Publius Quinctilius Varus wird 47/46 v. Chr. in Cremona, Lombardei, geboren. Er entstammt einer alten Patrizierfamilie, einer der einflussreichsten Familien in Rom. Etwa 22 v. Chr. wird er unter Augustus zum Quästor, der untersten Stufe eines Senators. Varus begleitet Augustus wohl auf dessen Orientreise von 22–19 v. Chr. (Siehe Bildtafeln 3 und 4 nach S. 48.)

Varus' Leben bis zur Ernennung als Statthalter in Germanien

Wenig später wird Varus zum Prätor, einem bereits höheren Senatorenamt, das zwei Stufen über dem Quästor liegt. 15 v. Chr. ist er vermutlich Legat (Befehlshaber und Verwalter) der XIX. Legion während der Eroberung des Alpenraums. 13 v. Chr. wird Varus Konsul, was seine hohe Stellung in der römischen Oberschicht verdeutlicht. Varus übt dieses einflussreiche Amt sogar gemeinsam mit dem späteren Kaiser Tiberius aus.

Fünf Jahre später, 9–8 v. Chr., wird Varus Prokonsul (senatorischer Statthalter) der Provinz Africa. Danach ist er kaiserlicher Statthalter von Syrien, von 7/6–5/4 v. Chr. Dort befehligt er einen der stärksten Heeresverbände des Reiches mit drei Legionen. In Syrien ist Varus mit den besonderen Herausforderungen der vorderorientalischen Welt konfrontiert. Er ist Richter, als Herodes seinen Sohn wegen Vatermordes anklagt. Als in Palästina ein allgemeiner Aufstand ausbricht, lässt Varus ihn mit energischem Militäreinsatz innerhalb eines Jahres niederwerfen. Dabei lässt er zweitausend Aufständische kreuzigen.

(1) Fertiggestellt nach Jahrzehnten: das Hermannsdenkmal bei Detmold von 1875, errichtet nach einem Entwurf von Ernst von Bandel (1800–1876).

*(2) Darstellung der Varusschlacht (*clades Variana*) in der* Monumenta Paderbornensia *von 1672.*

(3) Römische Münze, As Lugdunum I, Vorderseite, Augustus nach rechts mit Gegenstempel des Varus (»VAR«).

(4) Münze mit Porträt des Legaten Publius Quinctilius Varus, 6–4 v. Chr.

(5) Blick auf den Park Kalkriese vom Ausstellungs- und Aussichtsturm.

(6) Die eiserne Gesichtsmaske eines Reiterhelms, das Prunkstück des Museums in Kalkriese.

(7) *Karte Germaniens zur Zeit des Varus aus Sicht der Nachfahren Roms.*

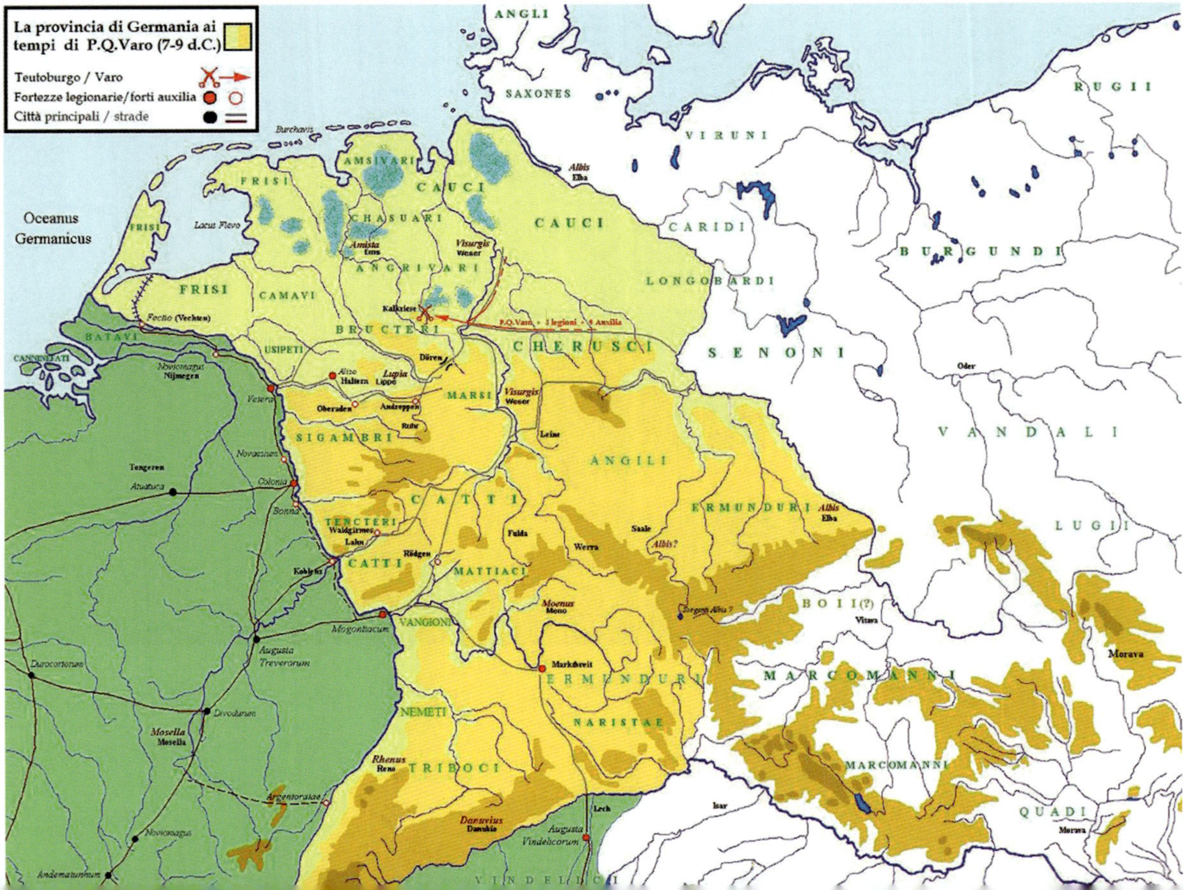

(8) Der Ort und Verlauf der Schlacht aus Sicht der Nachfahren der Römer (wenn man von Kalkriese ausgeht).

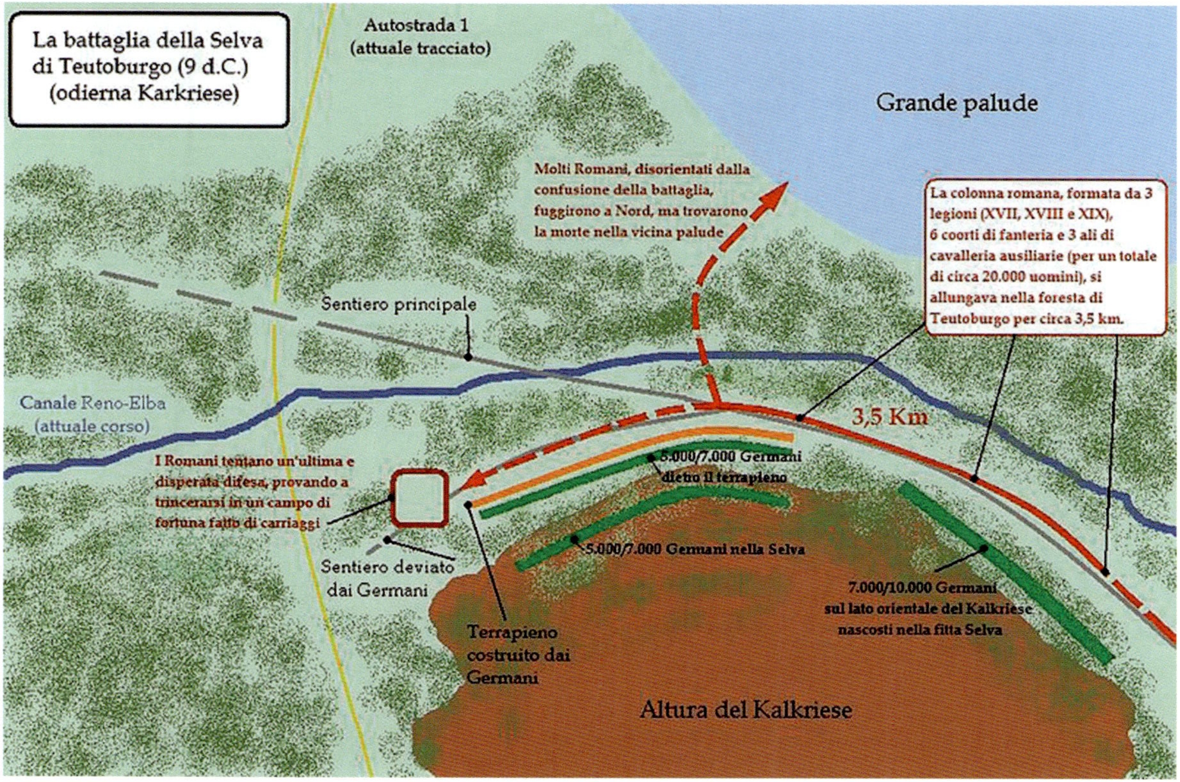

(9) Epitaph (Grabmal mit Inschrift) des in der Varusschlacht umgekommenen Centurios Marcus Caelius und seiner Freigelassenen.

Ist Varus »der Schuldige« oder ein Sündenbock?

Varus hat kein schmeichelhaftes Bild im öffentlichen Geschichtsbewusstsein hinterlassen. Besonders kritisch gehen die römischen Geschichtsschreiber selbst mit ihm um. Der Historiker Cassius Dio schreibt über die Situation der Römer in Germanien und die Fehleinschätzungen, die Varus begangen habe:

> Die Römer besaßen zwar einige Teile dieses Landes, doch kein zusammenhängendes Gebiet, sondern wie sie es gerade zufällig erobert hatten [...]. Ihre Soldaten bezogen hier ihre Winterquartiere, Städte wurden gegründet und die Barbaren passten sich der römischen Lebensweise an, besuchten die Märkte und hielten friedliche Zusammenkünfte ab. Freilich hatten sie auch nicht die Sitten ihrer Väter, ihre angeborene Wesensart, ihre unabhängige Lebensweise und die Macht ihrer Waffen vergessen. Solange sie allmählich und behutsam umlernten, fiel ihnen der Wechsel ihrer Lebensweise nicht schwer – sie fühlten die Veränderung nicht einmal. Als aber Quinctilius Varus den Oberbefehl über Germanien übernahm und sie zu rasch umformen wollte, indem er ihre Verhältnisse kraft seiner Amtsgewalt regelte, ihnen auch sonst wie Unterworfenen Vorschriften machte und insbesondere von ihnen wie von Untertanen Tribut eintrieb, da hatte ihre Geduld ein Ende. (Cassius Dio, *Römische Geschichte*, um 229 n. Chr., Buch 56, Kap. 18, 1–4)

Die römischen Historiker Velleius Paterculus, Florus und Cassius Dio kritisieren Varus, die Provinzialisierung zu energisch vorangetrieben zu haben. Er habe durch Rechtsprechung und Abgaben den Widerstand der Germanen hervorgerufen. Damit greifen diese Historiker die übliche Erklärung Roms zum Verständnis von Aufständen auf. Arminius selbst warf den Römern Habgier (*avaritia*), Grausamkeit (*crudelitas*) und Hochmut (*superbia*) vor (Tacitus, *Annalen*, 2, 15, 1).

Wilfried Koch: »Der gescheiterte Varus«, Haltern am See.

Bild des Varus in der modernen Geschichtswissenschaft

Die Mehrzahl der modernen Historiker ist der Ansicht, dass Varus im antiken Rom als Sündenbock für die Niederlage dient. Man diskutiert heute vor allem, in welcher Weise die römische Führung Varus als Alleinschuldigen darstellte. Dass man in Rom einen Sündenbock brauchte, sei hauptsächlich in der römischen Tradition begründet. In dieser trägt der verantwortliche Feldherr die Schuld an Niederlagen. Es ist in Rom verpönt, den einfachen Soldaten die Schuld zuzuweisen.

Das gilt insbesondere, wenn sich der verantwortliche Heerführer über die Ratschläge seines *consiliums* (Beraterstabs) hinwegsetzt und damit die alleinige Verantwortung übernimmt, wie Varus es offenbar getan hat. Die römischen Quellen stellen das Heer zumeist als besonders tapfer und tüchtig dar. Ihre Ehre verlieren nur Soldaten, die kapitulieren. Daher gesteht man selbst Varus zu, sich durch seinen Selbstmord einen Rest Ehre bewahrt zu haben. (So konnte auch seine Witwe ihre gesellschaftliche Stellung halten.)

Ehrenbegräbnis für Varus im kaiserlichen Mausoleum

Sueton übermittelt den angeblichen Ausruf des Augustus: »Quintili Vare, legiones redde!« (»Varus, gib die Legionen zurück!«). Man deutet dies zumeist als direkte Schuldzuweisung des Kaisers an Varus. Das ist fraglich. Selbst wenn Augustus den Ausruf so oder so ähnlich getan hat, kann dieser ebenso Verzweiflung oder Verbitterung über den Verlust der Legionen bedeuten. Außerdem lässt Augustus Varus im Mausoleum des Kaisers bestatten. Dies ist eine Ehre, die nur äußerst verdienten Angehörigen der römischen Oberschicht vorbehalten ist. Es findet auch keine symbolische Ächtung des Varus statt, um der Öffentlichkeit einen Hauptschuldigen zu präsentieren. Das schlechte Bild des

Varus entsteht erst unter Kaiser Tiberius und nach dem Ausscheiden von Varus' Familie aus der römischen Führungsschicht.

Der Wandel des Bildes von Varus in den antiken Quellen

Das Bild des Varus hat sich in den Quellen im Laufe der Zeit immer weiter verschlechtert. In den frühesten Erwähnungen wird er noch als Opfer germanischer List präsentiert. So steht in den Versen des Manilius, 12 n. Chr.:

> Gewiss verkündet Feuer sowohl Kriege und plötzliche Ausstände als auch, trotz geheimer List, das Erheben von Waffen wie eben, unter Bruch des Vertrages, bei entfernten Völkern als nämlich das wilde Germanien uns den Feldherrn Varus nahm. (Manilius 1, 896–899)

Und bei Strabon, einem griechischen Autor, steht in der *Geographika* von 17 n. Chr.:

> [...] Arminius, welcher beim Vertragsbruch mit Quinctilius Varus Oberbefehlshaber [...] war und bis heute den Krieg weiterführt [...]. (Strabon 7, 1, 4, 5)

Das Bild ändert sich deutlich, als Velleius Paterculus in seiner *Historia Romana* zwanzig Jahre nach der Schlacht Varus als verweichlicht und geldgierig charakterisiert:

> Varus [...] [war] ein Mann von milder Sinnesart, bedächtigem Charakter, an Körper und Geist etwas unbeweglich, mehr ruhiges Lagerleben als Kämpfe gewöhnt. Aber wie sehr er kein Verächter von Gold war, gab Syrien kund, das er verwaltet hatte, wie arm er ein reiches betreten, so reich verließ er ein armes.« (Velleius 2, 117, 2)

Diese Aussage des Velleius gilt inzwischen als unglaubhaft: Varus hat in Syrien nach dem Tod des Herodes die Erbauseinandersetzung seiner drei Söhne geschlichtet. Dazu schickt er sie alle drei nach Rom, damit Augustus selbst entscheiden kann. Währenddessen untersagt Varus dem Prokurator Sabinus, den Staatsschatz des Herodes zu konfiszieren, solange die Rechtslage nicht geklärt ist. Der Vorwurf, Varus habe sich in Syrien unrechtmäßig bereichert, ist daher nicht nachzuvollziehen.

Velleius wirft Varus außerdem vor, er habe sich sorglos verhalten, Germaniens Kriege mit dem Forum verwechselt (also selbstherrlich römisches Recht über die Germanen gesprochen und damit seine Pflichten als Feldherr vernachlässigt) und Desinteresse gezeigt. Velleius ereifert sich über Varus' Schlaffheit und stellt ihm die »ruhmreiche römische Armee« (so hätte man analog in der Sowjetunion gesagt) gegenüber:

> Das von allen tapferste, in Disziplin, Kriegshandwerk erste unter den römischen Heeren wurde durch die Schlaffheit des Feldherrn, durch die Wortbrüchigkeit des Feindes und die Missgunst des Schicksals hintergangen.

Velleius ergeht sich auch noch zu Varus' angeblicher Verstandesschwäche, greift aber auch den Gedanken des germanischen Vertragsbruchs auf. Er schildert die Grausamkeiten um Varus' Tod wenig wertend, allenfalls als mitleiderregend oder abstoßend. Velleius schließt mit versöhnlichem Ton, der Varus aber eindeutig die Niederlage anrechnet:

> Hiernach erscheint es, dass Varus, gewiss ein ernster und gutwilliger Mann, mehr aus Mangel an Feldherrenkunst als aus Mangel an Tapferkeit der Soldaten sich und das äußerst großartige Heer zugrunde gerichtet hat. (Velleius 2, 120, 5)

Für fast ein Jahrhundert bleibt Velleius das einzige schriftliche Zeugnis über die Ansicht zu Varus. 116 n. Chr. erscheint dann Tacitus' *Germania*. Darin findet sich eine Unterhaltung zwischen Varus und Segestes. (Segestes war ein »Fürst«, ein angesehener Mann, der Cherusker. Er warnte Varus im Jahr der Varusschlacht, 9 n. Chr., vor Arminius Plänen zu einem Aufstand. Varus schenkte ihm kein Gehör.) Segestes wirft Varus bei Tacitus vor, Varus habe Desinteresse gezeigt, als Segestes ihn habe warnen wollen (Tacitus, *Germania*, 1, 58, 2a–3a). Als Autor verliert Tacitus kein wertendes Wort über Varus.

Um 120 n. Chr. bezeichnet Sueton in seinen Kaiserbiographien die Niederlage des Varus als Schande und Schaden (Sueton, *Augustus*, 23, 1a). Varus selbst habe die Niederlage durch Unbesonnenheit und Nachlässigkeit verursacht (Sueton, *Tiberius*, 17, 1).

Ebenso um 120 n. Chr. erscheint Florus' *Römische Geschichte*. Bei diesem Werk ist zu berücksichtigen, dass es in einem bombastischen und rhetorischen Stil geschrieben ist. Es ist eine Lobschrift auf die Größe Roms, die geographische und chronologische Fehler aufweist. Florus findet für Varus drastische Worte:

> Freilich waren die Germanen mehr besiegt als unterworfen, und unsere Denkart war ihnen verdächtiger als die Waffen unter dem Feldherrn Drusus. Nachdem jener gestorben war, begannen sie, Willkür und Hochmut des Varus Quintilius nicht weniger zu hassen als [seine] Härte [...]. (Florus 2, 30, 31a–b)

Florus lässt allerdings in seiner Darstellung Tiberius aus. Die Ereignisse um die Varusschlacht sind ihm also wohl nicht wirklich gewahr. Vielleicht hält er auch nicht für nötig, eine akkurate Darstellung zu liefern. Insgesamt lässt Florus den Germanen eine Helden- und Opferrolle angedeihen. Er lässt sich über die ungeheuer überhebliche Weise aus, mit der Varus Gericht über

Germanen gehalten habe. Wegen militärischer Versäumnisse nennt er Varus gutgläubig und unvorsichtig (Florus 2, 30, 33f.).

Um das Jahr 200 n. Chr. schreibt Cassius Dio seine *Römische Geschichte*. Darin legt er dar, Germanien habe sich in einem sicheren Romanisierungsprozess befunden. Varus habe diesen Prozess durch eine radikale Neuordnung des Landes unterbrochen und in den Aufstand verkehrt (Cassius Dio, *Römische Geschichte*, 56, 18,2–4). Gutgläubig habe er sein Heer verstreut und sich so als unvorsichtiger und unfähiger Feldherr erwiesen (ebd., 56, 18,5–19,2).

Zweihundert Jahre später, um 420 n. Chr., schreibt der spanische Historiker Paulus Orosius die *Historiae adversum Paganos*. (Das Werk versucht den »Beweis«, dass die Welt mit dem Christentum nicht schlechter geworden sei. Orosius ist ein Schüler des Augustinus. Er tritt der Auffassung entgegen, wonach die Abkehr von den alten Göttern verantwortlich sei für den Niedergang Roms.) Der Spanier beschreibt Varus in seinem Werk als äußerst hochmütig und habsüchtig (Orosius, *Historiae*, 6, 21, 26).

Erneut: viel Mythos und wenig Wissen

Die antiken Quellen bieten mehr Beurteilung des Varus als Fakten. Tacitus fällt (wie auch sonst oft) als Historiker von herausragendem Format auf. Er nennt die (angebliche) Warnung des Segestes an Varus – Segestes habe die Verschwörung auffliegen lassen wollen, und Varus habe das ignoriert. Doch was ist davon zu halten? Segestes soll erst Jahre später dramatisch von seiner Warnung berichtet haben, um sich einen Vorteil zu sichern. So könnte Tacitus es über Zeitzeugen erfahren haben. Florus mag bei Tacitus abgeschrieben haben.

Die belegbaren Fakten ergeben ein Bild von Varus in verzweifelter strategischer Lage. Varus war ein sehr erfahrener Verwalter und Statthalter aus seiner Zeit im Vorderen Orient. In Germania magna jedoch hätte er zusätzlich ein militärisches und diplomatisches Genie sein müssen. Die großen Feldherren Drusus und Tiberius kamen mit größerer militärischer Machtbasis in Germanien mehrmals in Grenzsituationen. Es liegt daher nahe, Varus als Opfer der Umstände zu betrachten, insbesondere des Kriegs auf dem Balkan.

Diffamierungskampagne gegen Varus?

Dass Varus bis heute einen eher zweifelhaften Ruf genießt, erscheint geradezu als Ergebnis einer gezielten Diffamierungskampagne. Persönliches Versagen wird ihm erst nachträglich vorgeworfen. Das geschieht einige Jahre nach der Schlacht und seinem Tod. Varus selbst kann sich nicht mehr äußern und verteidigen. Auch aus seinem Umfeld in der Schlacht hat niemand überlebt. Der persönliche Vorwurf an Varus in Rom ereignet sich nach Jahren auch aufgrund innenpolitischer Streitigkeiten.

Diesen Vorwurf wird Varus nicht mehr los. Die römische Geschichtsschreibung hält fest, Varus sei ein überforderter und eigentlich ungeeigneter Oberbefehlshaber gewesen. Diese Vorstellung findet auch noch in der Neuzeit Anhänger. Theodor Mommsen nennt Varus einen Mann »von trägem Körper und stumpfem Geist und ohne jede militärische Begabung und Erfahrung« (Mommsen, *Römische Geschichte*, 8. Band). Mit Verlaub, auch wenn sich um einen Nobelpreisträger handelt: Es ist kaum anzunehmen, dass Kaiser Augustus die Sicherung der so wichtigen Rheingrenze ausgerechnet einem politischen und militärischen Leichtgewicht anvertraut hat.

Auf dem Wittekindsweg im Wiehengebirge zwischen Rödinghausen (Kreis Herford) und Lübbecke (Kreis Minden-Lübbecke), Nordrhein-Westfalen. Hinweisschild auf den Arminiusweg bei Lübbecke.

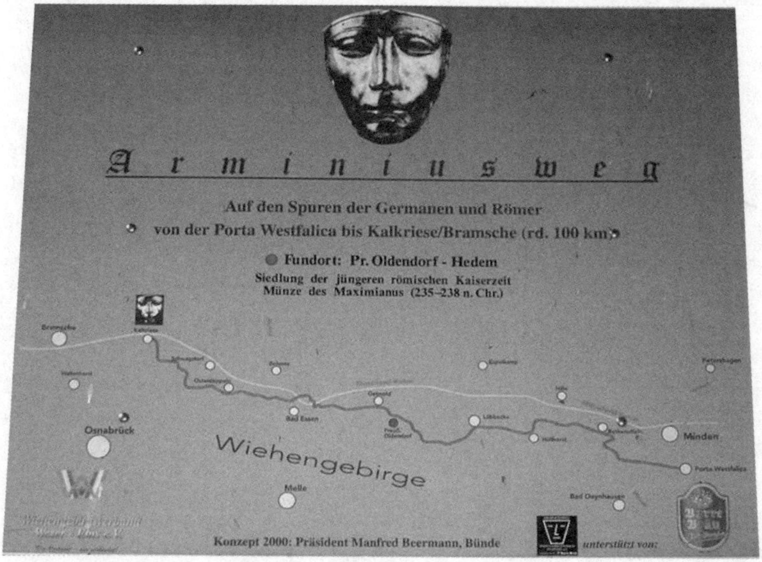

Auf germanischer Seite: der »Befreier Germaniens« (*liberator Germaniae*)

Arminius wird um 17 v. Chr. geboren. Sein germanischer Name ist unbekannt. Zur Zeit des Augustus ist es üblich, dass ein Nichtrömer beim Erwerb des römischen Bürgerrechts den Namen des Römers annimmt, der ihm dieses Recht verschafft. Es ist möglich, dass das etruskische Rittergeschlecht der Arminii Namenspatron war. (Jedenfalls lautet der Name nicht »Hermann«. »Heermann« für lateinisch *dux belli* kommt erst 1530 um Martin Luther auf.) Etwa zwölf Jahre nach der Varusschlacht wird Arminius sterben, um 21 n. Chr.

Für die Zeit vor der Varusschlacht sind nur wenige biographische Details bekannt. Arminius kommt aus einer der einflussrei-

Arminiusfigur, geschaffen vom Künstler und Historiker George S. Stuart.

chen Familien der Cherusker. Sein Vater heißt Segimer und hat eine führende Stellung im Stamm inne. (Velleius Paterculus nennt Segimer *princes gentis eius* – »Erster seines Stammes«, was man oft mit »Fürst« übersetzt. Daraus leitet sich wohl auch die häufige Bezeichnung Arminius' als »Cheruskerfürst« ab.) Der Name der Mutter ist unbekannt.

Prorömische Einstellung in Arminius' Familie

Der Vater Segimer steht wie sein Onkel Inguiomer auf der Seite der Römer und führt die prorömische Partei unter den Cheruskern an. Arminius dient wie sein Bruder Flavus längere Zeit im römischen Heer als Führer germanischer Verbände (*ductor popularium*). Dadurch wird er mit dem römischen Militärwesen vertraut. In dem Feldzug, der dem Batonischen Krieg vorangeht (4 bis mindestens 6 n. Chr.), dient Arminius in dieser Funktion im römischen Lager.

Dabei erwirbt er sich das römische Bürgerrecht und den Rang eines Ritters. Er erlernt die lateinische Sprache. Wahrscheinlich ist Arminius auch von 6–7 n. Chr. mit seinem Verband an der Niederschlagung des Pannonischen Aufstands beteiligt. Nicht zu beweisen sind Annahmen, Arminius habe beim römischen Militär eine Karriere als »Berufsoffizier« gemacht oder eine Truppe kommandiert, die den regulären Auxiliareinheiten angenähert gewesen sei.

7/8 n. Chr. kehrt Arminius in das Stammesgebiet der Cherusker zurück. Er besitzt zu dieser Zeit keineswegs die alleinige Macht bei den Cheruskern. Innerhalb der heimischen Führungsschicht ist er vielmehr mit Auseinandersetzungen konfrontiert. Segestes, der Vater Thusneldas, ist gegen eine Verbindung seiner Tochter mit Arminius. Trotzdem heiraten die beiden.

Zeit für Aufstand und »Verrat«

Als Varus in der 2. Hälfte des Jahres 9 n. Chr. bis an die Weser in das Cheruskerland vorrücken will, sieht Arminius die Zeit für einen Aufstand gekommen. Er hält sich mit seinem Vater Segimer (so Cassius Dio, 56, 19, 2) und anderen Gesinnungsgenossen im Lager des Varus auf. Arminius nimmt oft an Varus' Tafel teil und versucht, sein Vertrauen zu gewinnen. Varus befindet sich auf dem Weg in sein Winterlager, als ihm Unruhen gemeldet werden. Angeblich warnt Segestes den römischen Statthalter am Vorabend des Aufbruchs, dass Arminius Verrat plane. Segestes soll Varus empfehlen, Arminius in Ketten zu legen. Varus aber nehme Segestes nicht ernst (laut Cassius Dio und Velleius, siehe oben).

Darstellung des Arminius in den antiken Quellen

Velleius Paterculus charakterisiert Arminius in seiner *Historia Romana* von 29 n. Chr. als begabten jungen Mann (Velleius 2, 118, 2a–b). Strabon schreibt noch zu Arminius' Lebzeiten vom tragischen Schicksal seiner Familie: Nach erfolgreichen römischen Feldzügen wird sie 17 n. Chr. in Rom bei einem Triumphzug vorgeführt (Strabon 7, 1, 4, 5–6). Arminius' Frau Thusnelda, sein Sohn Thumelicus und sein Schwager Segimund leben fortan in Rom als Geiseln.

Frontinus, ein römischer Senator, Soldat und Autor, schreibt um 86 n. Chr. die *Strategemata*, eine Sammlung von Militärstrategien. Er hebt Arminius Handlungsweise als erfolgversprechend hervor, bewertet ihn aber sonst nicht (Frontinus 2, 9, 4).

Tacitus prägt die Formel vom »Befreier Germaniens«

Eine Bewertung nimmt aber Tacitus in seinen *Annalen* vor. Dort findet sich die bekannte Formel: »liberator haud dubie Germaniae« (»Er war unbestritten der Befreier Germaniens«, Tacitus, *Annalen*, 2, 88, 2). Tacitus nennt Arminius aber ebenso einen »Aufwiegler« (Tacitus 1, 55, 2). Er setzt sich als Erster intensiv mit Arminius auseinander, misst ihm historische Bedeutung zu und kritisiert das Schweigen der zeitgenössischen Autoren zu dem Cherusker:

> Die griechische Geschichtsschreibung kennt ihn nicht, und bei den Römern spielte er nicht die ihm gebührende Rolle, da wir die alte Geschichte rühmend hervorheben und der neuen gleichgültig gegenüberstehen. (Tacitus, *Annalen*, 2, 88, 3)

Tacitus Charakterisierung des Arminius ist dadurch gekennzeichnet, dass er Arminius für den Untergang der römischen Legionen verantwortlich macht, anders als Velleius, bei dem Varus der Vorwurf trifft. Tacitus stellt Arminius als listigen Intriganten dar, der sich rühmt, die Römer im ehrlichen Kampf besiegt zu haben (Tacitus, *Annalen*, 1, 59, 3). Dabei ist in Rom allgemein bekannt, dass Arminius die Legionen des Varus in einen Hinterhalt gelockt hat.

Angeblich verspottet Marbod Arminius

Nach dem Sieg über Varus ist Arminius laut Tacitus angesehener als sein Schwiegervater Segestes (Tacitus 1, 57, 1). Auf der anderen Seite gibt Tacitus eine (wohl konstruierte) Bewertung der Varusschlacht durch den Markomannenführer Marbod im Jahr 17 n. Chr. folgendermaßen wieder:

> Arminius sei wahnsinnig und nehme unwissend fremden Ruhm in Anspruch, nachdem er drei nicht zum Kampf aufgestellte Legionen und den keine Täuschung ahnenden Feldherrn durch Treulosigkeit überlistet habe, zum großen Unglück für Germanien und zu seiner Schande, da seine Gattin und sein Sohn noch weiter Knechtschaft ertragen müssten. (Tacitus 2, 46, 1b)

Der Vorwurf der Treulosigkeit spricht Arminius seine Ehre und Legitimation als Führer ab.

Arminius' Bild wird fragmentarisch bleiben

Das ist bereits die ganze relevante antike Quellenlage zu Arminius vor der Varusschlacht. Er ist offenbar im Jahr 9 n. Chr. ein junger Mann, gebildet und kampferprobt. Es ist ihm gelungen, die beteiligten germanischen Stämme zu einen, für diese spezielle Schlacht, obwohl die Stämme untereinander in ewige Blutfehden verstrickt sind. Dies hat er geschafft, auch wenn die Schlacht keine zwingende gemeinsame Verteidigung war, sondern ein willentlicher Angriff.

4. Der Verlauf der Schlacht – von Guerilleros und Partisanen

> Denn das Gebirge war voller Schluchten und Unebenheiten, und die Bäume standen so dicht und waren so übergroß, dass die Römer auch schon ehe die Feinde über sie herfielen, sich, wo nötig, abmühten, die Bäume zu fällen, Wege zu bahnen und Dämme zu bauen.

> Und wenn dazu noch Regen und Sturm kam, zerstreuten sie sich noch weiter. Der Boden aber, schlüpfrig geworden um die Wurzeln und Baumstümpfe, machte sie ganz unsicher beim Gehen, und die Kronen der Bäume, abgebrochen und herabgestürzt, brachte sie in Verwirrung.
>
> [...] [Da] umstellten die Germanen sie plötzlich von überall her gleichzeitig durch das Dickicht hindurch, da sie ja die Pfade kannten, und zwar schossen sie zuerst von fern, dann aber als sich keiner wehrte, doch viele verwundet wurden, gingen sie auf sie los. Es war unmöglich, 1. in irgendeiner Ordnung zu marschieren [...], 2. konnten sie sich auch nur schwer zusammenscharen, und waren Schar für Schar immer weniger als die Angreifer [...].
>
> Daher schlossen sie die Römer mühelos ein und machten sie nieder, so dass Varus und die Angesehensten aus Furcht, gefangen genommen oder getötet zu werden – denn verwundet waren sie schon – sich zu einer furchtbaren, aber notwendigen Tat entschlossen. Sie töteten sich selbst.
>
> Als dies bekannt wurde, wehrte sich auch keiner mehr, auch wenn er noch kräftig war, sondern die einen taten es ihrem Anführer nach, die anderen warfen die Waffen weg und überließen sich dem, der sie töten wollte. Denn fliehen konnte keiner, wenn er es auch noch so gerne wollte.

Das ist der ausführlichste Bericht über das Schlachtgeschehen in den antiken Quellen. Er stammt von Cassius Dio, aus seiner *Römischen Geschichte*, um 229 n. Chr., Buch 56, 20–22. Dio berichtet von der Schlacht ohne die einseitigen Schuldzuweisungen an Varus, die in anderen Quellen üblich sind. Er beschreibt differenziert das Gelände der Schlacht. Daher geht die Forschung davon aus, dass Dios Bericht wirkliche Nachrichten zugrunde liegen und nicht nur die bekannten Topoi über »das wilde Germanien«. Die Angaben gelten als zuverlässig. (Siehe Bildtafel 8 nach S. 48.)

Eine verhängnisvolle falsche Nachricht über einen »kleinen Aufstand«

Es ist die zweite Hälfte des Jahres 9 n. Chr., wahrscheinlich Herbst. Laut Dio ist die Weser im Gebiet der Cherusker der Ausgangspunkt von Varus' Heereszug (Dio, 56, 18, 5). Die Nachricht über einen kleinen, regionalen Aufstand veranlasse Varus, einen Umweg durch ein Gebiet zu nehmen, das den Römern weitgehend unbekannt ist. Arminius und seine Verschwörer seien im unwegsamen Gelände vorausgegangen. Angeblich, um Verbündete heranzuführen. Varus gerate dann auf seinem Weitermarsch in einen Hinterhalt, den Arminius sorgfältig geplant habe. Varus' Zug umfasst die drei Legionen XVII, XVIII und XIX. Außerdem drei Alen (Reitereinheiten) und sechs Kohorten mit insgesamt fünfzehn- bis zwanzigtausend Soldaten. Dazu kommen vier- bis fünftausend Reit-, Zug- und Tragetiere. Der Zug muss fünfzehn bis zwanzig Kilometer lang gewesen sein.

Dieser Tross besteht aus schwer gepanzerten Kämpfern in Eisen. Sie sind gedrillt auf gefürchtete Manöver wie den *testudo*, die Schildkröte. Dabei bilden die Soldaten eine Festung aus Schilden um ihre Einheit. Gegen diesen Gegner können die Germanen nicht gewinnen – zumindest nicht in einer offenen Feldschlacht. Die Germanen sind mehrheitlich schlecht ausgerüstete Bauern, nur die Elite trägt teure Schwerter oder kämpft zu Pferde. Der durchschnittliche Germane wirft mit Holzspeeren (»Ger-mane« – Mann mit Speer): Wie ist es möglich, dass die Angreifer gewinnen?

Die Kämpfe dauern insgesamt wohl über drei Tage. Alle Quellen nennen die topographischen Bedingungen als entscheidend für Verlauf und Ausgang der Schlacht: unübersichtliche Waldgebiete, Sümpfe und Moore. Die Römer haben keine Möglichkeit, sich hier zu wehren. Militärisch gesehen ist das Gelände für einen Überfall perfekt. Arminius hat den Hinterhalt sorgfältig geplant.

Bild von Martin Disteli, 1836–1838, derzeit Zentralbibliothek Solothurn: »Ein unglaubliches Schlachtgewühl mit Beteiligten in antikisierenden Uniformen und solche in germanischer Paraphernalia. Szene wohl aus der Herrmannsschlacht.«

Hier seien erneut Heines Verse aus *Deutschland, ein Wintermärchen* (Einführung) zitiert:

Das ist der klassische Morast,
Wo Varus steckengeblieben.
Hier schlug ihn der Cheruskerfürst,
Der Hermann, der edle Recke;
Die deutsche Nationalität,
Die siegte in diesem Drecke.

Eben dieser Dreck und Morast erweisen sich für die römischen Legionäre als tödlich. In einer offenen Feldschlacht wären die germanischen Kämpfer chancenlos gegen drei disziplinierte Legionen. In diesem Gelände aber sind es die Römer, die ohne Aussicht auf Erfolg kämpfen.

Wendige Germanen gegen schwerfällige Legionäre

Als sich die Römer durch das unwegsame Gelände bewegen, greifen Arminius und seine Verbündeten aus den Wäldern an: Teile der Cherusker, Marser und Brukterer, vielleicht auch noch andere Stämme. Profitieren können die Germanen zusätzlich von einem Höhenzug. Die Legionen winden sich durch den Engpass zwischen Moor und Gebirge. Eine der größten Stärken der römischen Armee ist ihre Manövrierfähigkeit. Die löst sich beim Angriff in einem heillosen Durcheinander auf. Bevor die Nachricht vom Angriff an der Spitze des Zuges das Ende der Kolonne erreicht, müssen Stunden vergehen.

Ein voll ausgerüsteter Legionär trägt bis zu dreißig Kilogramm Material am Leib. In Sumpf und Schlamm ist er damit unbeweglich. Eine Zielscheibe für die Speere der Angreifer. Die Germanen dagegen sind wendig in ihren Leinenkitteln. Es gelingt den überraschten Legionen nicht, eine Kampfformation zu bilden. Cassius Dio berichtet für den ersten und dritten Tag der Schlacht von heftigen Sturm- und Regenfällen (Dio, 56, 20, 3).

Abtrünnige germanische Hilfstruppen treten als Gegner hinzu

Abtrünnige germanische Hilfstruppen der römischen Armee verstärken den Angriff auf Varus' Truppen. Die Germanen verschaffen sich im Verlauf der Schlacht noch mehr Vorteile durch ihre besseren Geländekenntnisse. Die Römer dagegen sind für den Kampf »Mann gegen Mann« kaum ausgebildet. Trotzdem gelingt es Varus und seinen Soldaten, zeitweise offenes Gelände zu erreichen und auf einem bewaldeten Hügel ein Lager aufzuschlagen. Die Römer verbrennen Gegenstände, die sie nicht benötigen, um Gewicht zu verlieren und beweglicher zu werden. Anscheinend gibt es aber keine andere Möglichkeit, als den Weg auf den unübersichtlichen Waldpfaden fortzusetzen.

Nun setzen auch die Angriffe der Germanen wieder ein. Die Römer erleiden ihre schwersten Verluste; bis auf wenige Überlebende werden alle römischen Soldaten getötet, und drei Legionen sind mit einem Schlag vernichtet. Zum Vergleich: Das gesamte römische Reich verfügt zu dieser Zeit über achtundzwanzig Legionen.

Varus stürzt sich ins Schwert

Varus tötet sich gemeinsam mit anderen hohen Offizieren, um der Gefangenschaft zu entgehen. Anscheinend versuchen Legionäre noch vergeblich, Varus zu bestatten. Arminius jedoch sendet Varus' Haupt an den Markomannenführer Marbod nach Böhmen und unterbreitet ihm ein Bündnisangebot. Diese Avance lehnt Marbod aber ab und schickt den Kopf weiter an Varus' Familie nach Rom. Augustus lässt ihn im Mausoleum des Kaisers bestatten. Das ist eine Ehre, die nur äußerst verdienten Angehörigen der römischen Oberschicht vorbehalten ist. Die besiegten Legionen werden nach der Katastrophe nicht wieder aufgestellt: Die Nummern XVII, XVIII und XIX werden nicht mehr vergeben, was in der römischen Militärgeschichte einzigartig ist.

5. Auswirkungen der Schlacht

Das Deutsche Historische Museum in Berlin eröffnet im Juni 2006 die Ausstellung »Deutsche Geschichte in Bildern und Zeugnissen«, eine nationale Großschau zu zweitausend Jahren Geschichte. Der Generaldirektor Hans Ottomeyer bekundet, mit dieser ersten umfassenden Selbstdarstellung der Nation wolle er der »um sich greifenden Geschichtsvergessenheit« entgegentreten. Er gibt dem *Spiegel* vorab ein Interview dazu. Darin fragen Matthias Matussek und Matthias Schulz:

> *Spiegel*: Ihre Ausstellung beginnt 9 nach Christus mit der Schlacht im Teutoburger Wald. Warum?
> *Ottomeyer*: Weil mit Arminius, dem Cherusker, für uns schlagartig die Geschichtsschreibung beginnt. Tacitus berichtete vor zweitausend Jahren erstmals über die Germanen. Kalkriese, das ergrabene historische Schlachtfeld, ist das deutsche Troja, unser Urknall.

Die Schlacht als »Urknall« und »deutsches Troja«?

Das ist, mit Verlaub, Unsinn. Weder war Tacitus der erste Historiker, der über die Germanen berichtete, noch setzt die römische Geschichtsschreibung zu den Germanen erst mit der Varusschlacht ein. Gemeint ist wohl auch etwas anderes: Die Varusschlacht gilt besonders seit dem 19. Jahrhundert als Endpunkt der römischen Expansion im Norden, als Befreiungsschlag der Germanen – eben als »deutsches Troja, unser Urknall«. Das setzt voraus, dass man die Germanen mit den Deutschen gleichsetzt und von einer historischen Kontinuität ausgeht, die nicht besteht.

Wie war es wirklich? Kurz zusammengefasst: Die Niederlage des Varus ist für die Römer zwar ein schwerer Schlag, aber nur einer von vielen. Die Kämpfe um Germanien enden keineswegs mit der Varusschlacht, sondern dauern an. Die Römer nehmen nicht einfach die Beine in die Hand und fliehen vor den Barbaren auf die andere Rheinseite.

Was tun die Germanen nach der Schlacht?

Zuerst zur germanischen Seite nach der Schlacht: Nach der *clades Variana* kommt es zu einer Offensive nach Westen. Die Germanen erobern dabei fast alle Kastelle. Arminius versucht, mit den in Böhmen siedelnden Markomannen eine breite Allianz gegen Rom zu schmieden. Dazu schickt er auch Varus' Haupt an Marbod, den Anführer der Markomannen. Doch Marbod lehnt – siehe oben – das Angebot ab.

Unter den an der Varusschlacht beteiligten Stämmen kommt jetzt zudem Zwist auf. An der Spitze der romfreundlichen Partei steht Arminius' Schwiegervater Segestes. Arminius hat dessen Tochter Thusnelda nicht nur geheiratet – er hat sie dazu vorher entführt und mittlerweile geschwängert. Mithilfe des römischen Feldherrn Germanicus befreit Segestes seine Tochter wieder. Oder er entführt sie zurück. Die Situation schafft auch politisch böses Blut.

Die germanische Schlangengrube und der Mord an Arminius

Im Jahr 19 n. Chr. besiegt Arminius Marbod. Aus Marbods Bereich sind die Semnonen und Langobarden zu Arminius übergelaufen. Arminius scheitert jedoch damit, seine Machtstellung bei den Cheruskern auszubauen. Man muss sich das Geflecht der germanischen Stämme als Schlangengrube vorstellen: Der Anführer der Chatten, Adgandestrius, bietet Rom an, Arminius zu vergiften. Rom lehnt jedoch ab (Tacitus, *Annalen*, 2, 88). Im Jahr 21 n. Chr. wird Arminius dann von Verwandten ermordet. Laut Tacitus wird ihm zum Verhängnis, dass er die Königsherrschaft anstrebt (ebd., 2, 45).

Was tun die Römer nach der Schlacht?

Die Römer erleiden zuerst natürlich einen Schock. Sie ziehen sich vorerst zurück, allerdings nur widerwillig. Man gibt etwa das Römerlager Haltern noch im Jahr der Schlacht auf, aber man packt alles sorgfältig zusammen. Eventuell planen die Römer sogar schon die Rückkehr an die Lippe. Das lassen Hortfunde vermuten: ein Schatz mit dem Jahressold eines Legionärs oder eine Kiste mit dreitausend Geschützpfeilen.

In Rom befürchtet man, die Germanen könnten den Rhein überqueren und die gallischen Stämme die Lage für einen Aufstand nutzen (Sueton, *Augustus*, 23). Das geschieht jedoch nicht. Augustus befürchtet aber auch Unruhen in Rom und lässt überall Wachen in der Stadt postieren. Er verweist Gallier und Germanen aus Rom und lässt seine germanische Leibwache auf eine Insel deportieren.

Das bedeutet aber mitnichten das Ende der römischen Militärpräsenz in Germanien. Augustus verfolgt vielmehr auch jetzt ein offensives Konzept. Noch 9/10 n. Chr. befreien römische Truppen eingeschlossene römische Einheiten in Aliso. (Aliso ist ein römisches Kastell in Germania magna zur Zeit der Varusschlacht, seine genaue Lage ist unbekannt. Wahrscheinlich liegt es östlich des Rheins und nördlich des Mains.)

Acht statt sechs Legionen am Rhein

Schon ein Jahr nach der Niederlage ersetzt Augustus die Legionen am Rhein (allerdings nicht mit den alten Nummern XVII–XIX, siehe S. 67). Dabei bleibt es aber nicht. Der Kaiser verstärkt das Truppenkontingent. Statt insgesamt sechs Legionen stehen nun acht vor Germanien bereit – das ist fast ein Drittel der gesamten Armee des römischen Reiches. Augustus setzt auch die Flotte wieder ein. Die Römer führen Strafexpeditionen auf der rechten Rheinseite durch. 13 und 16 n. Chr. verwüstet der Feldherr Germanicus Teile des Germanengebietes; die Kämpfe gehen also weiter.

Augustus schreibt inzwischen an den *Res Gestae (Divi Augusti)*, den »Taten des göttlichen Augustus«, einem Leistungs- oder Rechenschaftsbericht mit einer Darstellung seines Lebens, seiner Verdienste und Ehrungen (etwa 14 n. Chr.). In diesen *Res Gestae* (26) berichtet Augustus wie folgt:

> Gallias et Hispanias provincias, item Germaniam, qua includit Oceanus a Gadibus ad ostium Albis fluminis, pacavi.
>
> (Die gallischen und spanischen Provinzen und ebenso Germanien, soweit der Ozean [sie] einschließt von Gades bis zur Mündung der Elbe, habe ich befriedet.)

Kein Gedanke des Kaisers an Resignation – Tilgung der Schmach!

Dieses Zitat des Kaisers lässt keinen Gedanken an Rückzug oder Resignation erkennen. Es zeigt vielmehr, dass Augustus den Anspruch auf Germanien bis zu seinem Tod 14 n. Chr. nicht aufgibt.

Tacitus findet dafür einen Grund in seinen *Annalen*, 1, 3 – »Extrema Augusti« (»Das Lebensende des Augustus«) –, nämlich Vergeltung und Tilgung der Schmach:

Bellum ea tempestate nullum nisi adversus Germanos supererat, abolendae magis infamiae ob amissum cum Quintilio Varo exercitum quam cupidine proferendi imperii aut dignum ob praemium.

(Krieg war damals keiner mehr, außer gegen die Germanen. Dieser jedoch mehr, um die Schmach zu tilgen, die in dem Verlust des Heeres unter Quinctilius Varus lag, als aus Begierde, das Reich zu erweitern oder lohnenden Gewinnes wegen.)

Rückkehr des Tiberius vom Balkan

Der neue Befehlshaber in Germanien ist der alte: Tiberius wird wieder mit dem Kommando betraut und kehrt vom Balkan zurück. Im Jahr 10 n. Chr. kann er sich aber noch nicht entschließen, den Rhein zu überqueren (Cassius Dio, 56, 24, 6). Das spricht für kluge Vorsicht. In den folgenden Jahren überschreitet Tiberius den Rhein dann aber mehrfach und dringt tiefer ins Landesinnere vor. Velleius Paterculus berichtet, Tiberius kehre schließlich mit Ruhm bedeckt in sein Winterlager zurück (Velleius, 2, 120, 2).

Die Feldzüge des Germanicus

Im Jahr 12 n. Chr. übernimmt Nero Claudius Germanicus den Oberbefehl über die Legionen in Germanien. 14 n. Chr. beginnt er mit neuen Feldzügen zur Vergeltung für die Varusschlacht, die sich besonders gegen die Cherusker, Brukterer, Marser, Angrivarier und Chatten richten. Germanicus erhält wohl schon in seinem ersten Jahr eine sogenannte »imperatorische Akklamation«, was bedeutet, dass seine Soldaten ihn nach einem Sieg zum Imperator ausrufen. (Ein Ehrentitel, der erlischt, wenn der Imperator im Triumphzug nach Rom zurückkehrt.) Die imperatorische

Akklamation ist ein deutliches Indiz für Germanicus' offensives Vorgehen gegen die Germanen.

Nach Augustus' Tod 14 n. Chr. unterdrückt Germanicus eine Meuterei der Rheinlegionen. Danach führt er das Heer im Spätherbst desselben Jahres in den rechtsrheinischen Raum. Ziel ist das Gebiet der Marser zwischen oberer Lippe und oberer Ruhr. Die römischen Truppen verwüsten das Land in einem Umkreis von fünfzig römischen Meilen (das sind rund fünfundsiebzig Kilometer). Auf dem Rückweg aber geraten sie in einen Hinterhalt, wie Varus vor fünf Jahren. Brukterer, Tubanten und Usipeter greifen die Römer an. Diesmal gelingt es den Römern jedoch, sich gegen die Germanen durchzusetzen.

Die Schlacht an den *pontes longi* – das »wahre Kalkriese«?

In den Jahren 15 und 16 n. Chr. kommt es zwischen Römern und Germanen zu drei großen Schlachten, an denen auch Arminius beteiligt ist: der Schlacht an den *pontes longi*, der Schlacht auf dem Idistavisischen Feld und der Schlacht am Angrivarierwall.

Die Schlacht an den *pontes longi* ereignet sich 15 n. Chr. Vorab das Wichtigste in Kürze: Möglicherweise ist es diese Schlacht, auf die die Funde in der Region Kalkriese verweisen. Die Schlacht geht »unentschieden« aus, was bedeutet, das auf römischer Seite zehn- bis fünfzehntausend Menschen sterben. Die Verluste auf germanischer Seite sind unbekannt. Die Germanen, das sind Cherusker, Marser, Chatten, Brukterer, Chauken und andere Stämme unter der Führung von Arminius. Auf römischer Seite stehen vier Legionen (I, V, XX und XXI) mit achtundzwanzig- bis dreißigtausend Mann einschließlich Tross. Befehlshaber der Legionen ist Aulus Caecina Severus (Caecina).

Die *pontes longi* sind die »langen Brücken«. Dies ist ein Weg, den die Römer um das Jahr 1 n. Chr. angelegt haben. Wo er genau liegt, ist umstritten. Man vermutet, dass die *pontes longi* ein Holzbohlenweg oder ein aufgeschütteter Dammweg sind, der durch die sumpfige Lippe-Niederung zwischen Xanten und Haltern oder auch Rheine führt.

Germanicus und Caecina trennen sich an der Ems

Die stärkste Kritikerfraktion gegen Kalkriese als Ort der Varusschlacht meint, dass hier vielmehr die Schlacht an den *pontes longi* im Jahr 15 n. Chr. stattfand. Ausgangspunkt dieser These ist folgende Stelle bei Tacitus, *Annalen*, 1, 63:

> [...] mox reducto ad Amisiam exercitu legiones classe, ut ad vexerat, reportat; pars equitum litore Oceani petere Rhenum iussa; Caecina, qui suum militem ducebat, monitus, quamquam notis itineribus regrederetur, pontes longos quam maturrime superare.
>
> (Bald danach führte Germanicus seine Armee zurück zur Ems und führte seine Legionen mit der Flotte heim, so wie er sie geholt hatte. Einem Teil der Kavallerie wurde befohlen, den Rhein entlang der Seeküste zu erreichen. Caecina, der seine eigene Abteilung befehligte, wurde angewiesen, obwohl er über einen Weg zurückmarschierte, den er kannte, die langen Brücken mit aller möglichen Geschwindigkeit zu passieren.)

Die Ansicht stützt sich auf die Möglichkeit, dass die Teilung des Germanicusheeres bereits östlich der Ems stattfindet und die vier Legionen des Caecina im Engpass von Kalkriese in die Schlacht an den »langen Brücken« verwickelt werden. Dazu passt, dass bei Hunteburg (zehn Kilometer entfernt von Kalkriese) Reste eines Bohlenweges gefunden wurden. Die dendrochronologische Untersuchung hat ergeben, dass der Weg 15 n. Chr. zerstört wurde. Als Beifunde hat man Holzschwerter und Keulen entdeckt, die eindeutige Kampfspuren tragen. Andere Historiker vermuten jedoch, dass sich Schlacht an den *pontes longi* südwestlich der Ems ereignete, vielleicht in der Gegend zwischen Münster und Coesfeld.

Germanicus bestattet die Überreste der Toten aus der Varusschlacht

Vor der Schlacht ziehen die Römer unter Germanicus und Caecina zum Feld der Varusschlacht und bestatten die Überreste der Toten. Germanicus lässt dort einen *tumulus* (Grabhügel) erbauen, den die Germanen aber später wieder zerstören. Tacitus (*Annalen*, 1, 61, 2–3) beschreibt, wie Germanicus 15 n. Chr. das Feld der Varusschlacht von 9 n. Chr. vorfindet:

> Das erste Lager des Varus ließ an seinem weiten Umfang und an der Absteckung des Hauptplatzes die Arbeit von drei Legionen erkennen. Danach sah man an dem halbeingestürzten Wall und dem niedrigen Graben die Stelle, an der sich die bereits zusammengeschmolzenen Reste gesammelt hatten. Mitten auf dem Felde lagen bleichende Knochen, zerstreut oder in Haufen, je nachdem ob sie von Flüchtigen oder von einer noch Widerstand leistenden Truppe stammten. Daneben lagen zerbrochene Waffen und Pferdegerippe, an Baumstämmen waren Schädel befestigt. In Hainen in der Nähe standen die Altäre der Barbaren, an denen sie die Tribunen und Zenturionen ersten Ranges geschlachtet hatten.

Kaiser Tiberius kritisiert später, dass Germanicus die Gefallenen der Varusschlacht bestatten lässt: Der Anblick der erschlagenen unbestatteten Soldaten vergrößere noch die Furcht der Legionäre und lähme ihre Kampfkraft. Außerdem ist Germanicus ein Augur. Das ist ein priesterähnlicher Beamter, der zu ergründen hat, ob bestimmte Unternehmen den Göttern genehm sind.

Dazu verkündet ein Augur aus dem Flug und dem Geschrei von Vögeln und anderen Tieren den Götterwillen. Als Augur darf Germanicus sich nicht mit der Bestattung der Soldaten befassen, sagt Tiberius.

Die Germanen umzingeln die Römer

Westlich der Weser trennen sich Germanicus und Caecina mit ihren Legionen. Germanicus zieht sich an die Ems zurück und führt dann seine vier Legionen an den Niederrhein. Caecina befiehlt er, die *pontes longi* instand zu setzen.

Als Caecinas Legionen den Straßenbau betreiben, werden sie von den Germanen unter Arminius umzingelt, die auf einer bewaldeten Höhe lagern. Die Germanen leiten von oben Bäche und Wassermassen um, die aus der Höhe auf die Römer herabströmen und den Damm an den *pontes longi* zerstören. Die Römer marschieren weiter, aber der Weg ist zu schmal, um eine sichere Formation zu bilden. Das gibt den Germanen die Gelegenheit, den Tross anzugreifen. Der Weg führt weiter durch sumpfiges Gelände. Die Römer erreichen mit Mühe und Not das Trockene und errichten ein notdürftiges Lager.

Tacitus' Vergleich zwischen Varus und Caecina

Tacitus vergleicht die Schlacht durchweg mit der Varusschlacht (*Annalen*, 1, 63–69). Caecina ist mit seiner Führungsstärke bei Tacitus ein Gegenbeispiel zum angeblich unfähigen Varus.

Die Germanen halten eine Heeresversammlung ab. Ingomerus (Inguiomer), Arminus' Onkel, ruft zum Sturm auf das Römerlager auf. Arminius widerspricht und will an der bewährten Guerillataktik festhalten: Zermürbungsangriffe auf die marschierenden Legionen. Seine Argumente werden jedoch nicht beachtet. Am nächsten Tag greifen die Germanen das römische Lager an. Die Römer schlagen sie zurück und bringen den Germanen Verluste bei. Caecina setzt seinen Rückzug zum Rhein fort und rettet die Reste seiner Armee ins Hauptlager Xanten.

Feldherren schandhaft im Schatten einer »bloßen Frau«

Germanicus ist mit seinen vier Legionen noch nicht in Xanten angekommen. Er hat den Fluss- bzw. Seeweg genommen und durch eine Sturmflut schwere Verluste erlitten. Seine Frau Agrippina übernimmt daher die Aufnahme der sich rettenden Soldaten unter Caecina. In der Garnison in Xanten befürchtet man, dass die Germanen über die Rheinbrücke angreifen. Agrippina hält die Garnison davon ab, die Brücke abzubrechen. (Das erzürnt Kaiser Tiberius gegen seinen Neffen Germanicus: Die Gestalten der Feldherren seien schandhaft in den Schatten einer »bloßen Frau« gestellt worden.)

Die Schlacht auf dem Idistavisischen Feld

Die Schlacht auf dem Idistavisischen Feld trägt sich 16 n. Chr. zu. Sie findet laut Tacitus in der Nähe der Weser statt. Auf der einen Seite steht das römische Reich unter Germanicus, und zwar mit acht Legionen, auch mit germanischen (und gallischen) Auxilia. Auf der anderen Seite kämpfen die Cherusker unter Arminius in unbekannter Zahl. Es ist eine offene Feldschlacht. Wenig überraschend, dass Rom siegt.

Tacitus schildert (*Annalen* 2, 17), dass die Germanen von der Ebene in den Wald fliehen. Andere werden gleichzeitig in die entgegengesetzte Richtung getrieben. Das erweckt den Eindruck, dass die Römer die Germanen eingekesselt haben. Die Cherusker werden stundenlang über eine Entfernung von fünfzehn Kilometer niedergemetzelt. Die meisten Germanen können aber entkommen und formieren sich neu – am Angrivarierwall, dem Ort der nächsten Schlacht. Die Verluste sind jedenfalls nicht kriegsentscheidend und entmutigen die Cherusker auch nicht.

Die Schlacht am Angrivarierwall

Im Anschluss kommt es zur Schlacht am Angrivarierwall, also ebenfalls 16 n. Chr. Der liegt nach Tacitus zwischen Ems und Weser. Wieder stehen acht römische Legionen einer unbekannten Zahl von Cheruskern gegenüber. Wieder haben Germanicus und Arminius den jeweiligen Oberbefehl. Rom siegt auch hier. Zuerst verteidigen sich die Cherusker erfolgreich auf dem Wall, aber dann lässt Germanicus seine Artillerie einsetzen: die Torsionsgeschütze oder *scorpiones*, wie im Kapitel zum Ort der Varusschlacht (S. 31) schon erwähnt. Diese Geschütze verschießen Bolzen mit Eisenspitzen, mit enormer Durchschlagskraft. Davon hat jede Legion fünfundfünfzig Stück. Die acht Legionen haben zusammen also vierhundertvierzig solche Katapulte. Die Geschütze wirken auf bis zu dreihundert Meter tödlich. Die Feuerkraft ist für die Cherusker verheerend. Germanicus befiehlt, keine Gefangenen zu machen.

Bei diesen Schlachten gelingt es Germanicus, zwei Legionsadler aus der Varusschlacht zurückzugewinnen. Außerdem nimmt er Thusnelda gefangen, Arminius' schwangere Ehefrau.

Rom akzeptiert die Rheingrenze

Trotz dieser Erfolge geben die Römer nach einigen Jahren den Versuch auf, die Folgen der Varusschlacht zu revidieren. Es mag auch sein, dass sich das Vergeltungsbedürfnis erschöpft. Entscheidend ist aber wohl: Der Krieg ist teuer. Er frisst Menschen und Material. Daher ziehen der römische Senat und der römische Kaiser Tiberius 17 n. Chr. den Schlussstrich – Rom erkennt die Rheingrenze an.

Für die Strategen am Tiber genügt die indirekte Kontrolle Germaniens. Tiberius verweist auf seine eigenen Kämpfe in Germanien, in denen er »plura consilio quam vi« (»mehr durch kluges Vorgehen als durch Gewalt« – Tacitus, *Annalen*, 2, 26, 3) erreicht habe. Er kritisiert die Art der jüngsten Kriegsführung und die hohen Verluste. Tiberius beruft sich außerdem auf einen Rat des Augustus, das Reich in den gegenwärtigen Grenzen zu belassen (ebd., 1, 11).

Tiberius beruft Germanicus aus Germanien ab. Germanicus erhält in Rom einen Triumphzug über die germanischen Volksstämme, die bis zur Elbe wohnen. Der letzte Legionsadler aus der Varusschlacht wird erst dreißig Jahre später unter Kaiser Claudius zurückgegeben. Letzte Überlebende der Varusschlacht werden fast vierzig Jahre später befreit (siehe Bildtafel 9 nach S. 48).

Die Schaffung von Germania inferior und Germania superior

Kaiser Domitian (Amtszeit von 81–96 n. Chr.) errichtet schließlich zwei Provinzen: Germania inferior und Germania superior. Germania inferior (Niedergermanien) umfasst das linksrheinische Gebiet. Heute gehört das Gebiet der ehemaligen Provinz zu den Niederlanden, Deutschlands und Belgiens. Germania superior (Obergermanien) umfasst Teile der heutigen Schweiz, Frankreichs und des südwestlichen Deutschlands. Mit dieser Errichtung beendet Domitian das seit Augustus ungelöste »Germanenproblem«.

Kaiser Trajan (Amtszeit von 98–117 n. Chr.) verlegt römische Truppen vom Rhein an die Donau. Das römische Reich hat dadurch Kapazitäten frei. Es erobert das Reich der Daker im heutigen Rumänien und erfährt seine größte Ausdehnung. Nicht einmal der expansive Kaiser Trajan unternimmt aber etwas zur Wiedereroberung Germaniens.

Zweiter Teil: Rezeption und Mythos – Entstehung und Entwicklung eines Scheinriesen

Die eigentlich spannende Geschichte bei der Varusschlacht ist nicht so sehr das Ereignis, sondern das, was später daraus gemacht wird. Arminius trägt im englischen Sprachraum den Spitznamen »Hermann the German«. Das ist nicht verwunderlich. Das »Hermanns«denkmal von 1875 (siehe Bildtafel 1 nach S. 48.), die kolossale Statue bei Detmold, zeigt Arminius mit einem Schwert von sieben Metern Länge, das die Inschrift trägt: »Deutsche Einigkeit meine Stärke – meine Stärke Deutschland Macht«. Arminius zückt sein Schwert gen Westen: nicht in Richtung Rom, sondern gen Frankreich. Das Denkmal ist über fünfzig Meter hoch. Die Statue des Arminius misst über fünfundzwanzig Meter und ist damit die höchste Statue Deutschland. Bis 1886 war es auch die höchste der Welt.

1. Bilanz nach über zweitausend Jahren

In Michael Endes *Jim Knopf* taucht ein Scheinriese auf. Der wird immer größer, je weiter er entfernt ist. Der Hamburger Historiker Tillmann Bendikowski sieht den gleichen Effekt bei Arminius:

> Jetzt rüstet sich Deutschland für die 2000-jährige Wiederkehr der Varusschlacht. Das Jubiläum bietet eine gute Gelegenheit, diesen Helden als nationale Konstruktionsleistung zu verstehen: Wann

immer es um die Einheit und um die Freiheit ging, bemühten die Deutschen ihren »Hermann«. Allerdings schufen sie einen historischen Scheinriesen: Je weiter die historische Tat entfernt war, desto imposanter wurde der Held. Dass die antiken Quellen wenig über den Cherusker hergeben, störte diesen Prozess der Verherrlichung nicht. Es erleichterte ihn vielmehr. (Tillmann Bendikowski, »Mythos einer Schlacht«, *Die Zeit*, 4. November 2008)

Die internationale Perspektive

Das zweitausendjährige Jubiläum der Varusschlacht im Jahr 2009 findet auch international Beachtung. David Crossland schreibt 2009 für die englischsprachige Onlineausgabe des *Spiegel*:

> In September 9 AD, Germanic tribesmen slaughtered three Roman legions in a battle that marked the »big bang« of the German nation and created its first hero – Hermann. The country is marking the 2,000th anniversary with restraint because the myth of Hermann remains tainted by the militant nationalism that would later be associated with Hitler. (David Crossland, »Battle of the Teutoburg Forest: Germany Recalls Myth That Created the Nation«, 28. August 2009.)
>
> (Im September 9 n. Chr. schlachteten germanische Stämme drei römische Legionen ab in einem Kampf, der den »Urknall« der deutschen Nation markierte und ihren ersten Helden schuf – Hermann. Das Land begeht das 2000. Jubiläum mit Zurückhaltung, weil Hermanns Mythos vom militanten Nationalismus befleckt bleibt, der später mit Hitler verbunden wurde.)

»Hermann the German« bezeugt den Mythos der deutschen Nation

In einer Bildunterschrift des Artikels heißt es:

> The Hermann Monument testifies to the power of the myth that created the German nation.
>
> (Das Hermannsdenkmal bezeugt die Macht des Mythos, der die deutsche Nation schuf.)

Tillmann Bendikowski wird auf Englisch zitiert:

> The battle became the big bang of the German nation in terms of myth and legend. But in terms of real history, it was no such thing.
>
> (Die Schlacht wurde der Urknall der deutschen Nation nach Maßgabe von Mythos und Legende. Aber nach Maßgabe der wirklichen Geschichte war das nicht der Fall.)

Und an anderer Stelle weiter:

> It's typically German to say world history was shaped on German soil. We know that this was one battle among many and that there was a range of factors behind Rome's eventual retreat to the Rhine. Everyone who needed this myth regarded it as the turning point of history. For many it remains the turning point. But it wasn't.
>
> (Es ist typisch deutsch zu sagen, die Weltgeschichte sei auf deutschem Boden geformt worden. Wir wissen, dass dies eine Schlacht unter vielen war und dass eine Reihe von Faktoren dahinter steckte, als Rom sich schließlich an den Rhein zurückzog. Jeder, der diesen Mythos brauchte, betrachtete die Schlacht als Wendepunkt. Aber das war er nicht.)

Das Hermannsdenkmal steht lange für aggressiven Nationalismus

Das Hermannsdenkmal steht nach seiner Errichtung lange für eine Tradition zunehmender Aggressivität. David Crossland schreibt im *Spiegel*:

> The statue became a focal point for a brand of nationalism that turned increasingly aggressive and racist and culminated in the Nazi quest to subjugate Europe and eradicate the Jews.
>
> (Auf die Statue konzentrierte sich eine Form des Nationalismus, die zunehmend aggressiv und rassistisch wurde und in dem Drang der Nazis kulminierte, Europa zu unterwerfen und die Juden auszulöschen.)

Laut Crossland hat sich »Hermann« davon nie erholt. Gisela Söger vom Museum und Park Kalkriese zitiert er aber mit:

> I personally think this Hermann myth will pale. And I hope people in the future will take a closer look at history, question what they have learned and review the sources. We want to contribute to a spirit of taking a more sober, distanced look at history here.
>
> (Ich persönlich meine, dass dieser Mythos Hermanns verblassen wird. Und ich hoffe, dass die Menschen in der Zukunft einen genaueren Blick auf die Geschichte werfen, sich fragen, was sie daraus gelernt haben und die Quellen neu betrachten. Wir wollen zu einem Geist beitragen, einen saubereren, distanzierten Blick auf die Geschichte zu werfen.)

Entwicklung zu einem entmythologisierten Arminius

Laut Crossland hat der Mythos Hermanns im modernen Deutschland seine Macht verloren:

> The old nationalism has been replaced by an easy-going patriotism that mainly manifests itself at sporting events like the soccer World Cup. Today's interest in Arminius mainly reflects curiosity about what really happened in that fateful September 2,000 years ago.
>
> (Der alte Nationalismus wurde durch einen entspannten Patriotismus ersetzt, der sich hauptsächlich bei Sportereignissen wie der Fußball-Weltmeisterschaft zeigt. Das heutige Interesse an Arminius spiegelt hauptsächlich Neugier darüber, was wirklich passierte in jenem schicksalhaften September vor 2000 Jahren.)

Gisela Söger zitiert Crossland erneut: »Dies ist ein historischer Thriller.«

Auch Tillmann Bendikowski kommt noch zu Wort:

> The myth of Hermann will continue to wane. What will remain of him will be the experience of how a historical myth was created, and how a nation sought to invent itself by fabricating history. It may help us to understand ourselves and other nations better.
>
> (Der Mythos Hermanns wird weiter schwinden. Was von ihm bleiben wird, wird die Erfahrung sein, wie ein historischer Mythos geschaffen wurde und wie eine Nation sich selbst erfinden wollte, indem sie die Geschichte fabrizierte. Sie kann uns helfen, uns selbst und andere Nationen besser zu verstehen.)

2. Aufzucht und Pflege des Mythos um Arminius

Nach dem Jahr 9 n. Chr. ist erst einmal weitgehend Ruhe um die Schlacht für rund eineinhalb Jahrtausende. Von einem Mythos um Arminius und die Varusschlacht ist in der Antike keine Rede. Stattdessen sind die Schlacht und ihr Protagonist auf germanischer Seite lange vergessen. Die Germanen haben keine Schreibkultur, und von den Römern hat die Schlacht keiner überlebt, der später schriftliches Zeugnis davon ablegt. Außerdem hat Rom verständlicherweise wenig Interesse daran, der Varusschlacht einen besonderen Rang im Gedächtnis des Imperiums einzuräumen.

Dann kommt es für den Mythos um die Varusschlacht zu einem Start vor dem Start: der Wiederentdeckung von Tacitus' *Germania* von 98 n. Chr. Die Schrift hat nur in einem einzigen Exemplar die Zeit des Humanismus erreicht. Jetzt findet Enoch von Ascoli die *Germania* in der Abtei Hersfeld und bringt sie etwa 1455 nach Italien. Wie und auf welchem Weg die karolingische Abschrift aus einem deutschen Kloster nach Süden gelangt, ist nicht geklärt. Im mittelalterlichen Deutschland spielt der Begriff »Germanen« als Selbstbezeichnung für »Deutsche« kaum eine Rolle. Man versucht vielmehr, sich historisch in die Nähe der Römer zu stellen.

Ein Italiener »erklärt« mit der *Germania* den Deutschen die Germanen

Einer der ersten, der die *Germania* liest, ist der Humanist und Bischof Enea Silvio Piccolomini (1405–1464), der spätere Papst Pius II. Und er weiß sofort daraus politischen Gewinn zu ziehen. Zu dieser Zeit wehren sich die deutschen Stände gegen immer neue Geldforderungen der römischen Kirche. Piccolomini hält dagegen – er benutzt die *Germania* für seine Gegenargumente. In der Zeit, die Tacitus beschreibt, waren die Germanen noch primitiv und barbarisch, schreibt Piccolomini. Dass die Deutschen in seiner Gegenwart wohlhabend und zivilisiert sind, verdanken sie allein der römischen Kirche.

Der Clou an dieser Episode: Der Italiener Piccolomini macht die deutschen Humanisten auf die *Germania* insgesamt aufmerksam. Jetzt haben sie eine Ursprungsgeschichte, durch den Römer Tacitus beglaubigt. Die Deutschen können nun dem italienischen Vorwurf begegnen, sie seien seit der Antike Barbaren geblieben. Damit ist auch der Weg offen, die von Tacitus beschriebenen Tugenden als allzeit gültige deutsche Nationaleigenschaften zu bestimmen.

Tacitus stellt in der *Germania* Sitten und Gebräuche der Germanen dar. Dabei hebt er auch ihre sittliche Lebensweise hervor, wie er es sieht: Als treu, gerechtigkeitsliebend, keusch, freigiebig, fromm, aufrichtig und freiheitsliebend werden die Germanen beschrieben. Außerdem führten sie ein sittenstrenges Familienleben und seien tapfer im Krieg. Tacitus weist auch auf Schwächen der Germanen hin wie Trägheit, Hang zu übermäßigem Würfelspiel und exzessivem Alkoholgenuss. Diese negativen Seiten sind es aber nicht, die die deutschen Humanisten interessieren. Die »guten germanischen Eigenschaften« sollen zum »deutschen Volkscharakter« zählen.

Deutsche Humanisten nehmen Tacitus' Lob der Germanen gierig auf

Tacitus' positive Aussagen über die deutsche Ureinwohnerschaft fallen also auf fruchtbaren Boden. Für Heinrich Bebel (1472–1518), Konrad Celtis (1459–1508) und andere Humanisten sind sich die Deutschen von alters her immer treu geblieben – keinem »verderblichen« Einfluss fremder Stämme ausgesetzt haben sie

Karl Russ (1779–1843): »Hermann befreit Germania« (1818).

ihre Freiheit und Unabhängigkeit bewahrt. Die Ironie liegt darin, dass Tacitus zwar von den römischen Autoren noch am freundlichsten über die Germanen schreibt – dass die Germanen aber auch für ihn rückständige Barbaren sind.

Die Entdeckung eines »deutschen Volkscharakters« mit den »guten, alten germanischen Eigenschaften« eignen sich aber vorzüglich für den ideologischen Streit mit dem neuen Rom: dem Papsttum. Die Beschreibung in der *Germania* lässt sich zu einem Gegensatz hochstilisieren, wie er angeblich schon immer vorhanden war. Diese Vereinnahmung dient zudem der Annahme vom »Beginn der deutschen Geschichte«.

Die *Annales* liefern den Helden zu den »germanischen und deutschen Tugenden«

Ein weltlicher Gelehrter entdeckt 1508 eine Abschrift von Tacitus' *Annales* wieder, im Kloster Corvey bei Höxter. Die Schrift ist im 9. Jahrhundert im Kloster Fulda kopiert worden und wird jetzt nach Rom gebracht. 1515 entdeckt man die *Römische Geschichte* des Velleius Paterculus wieder. Beide Schriften führen Arminius als siegreichen Heerführer der Germanen auf. Nun kommt die Stunde des dichtenden Ulrich von Hutten (1488–1523), eines Humanisten und ersten Reichsritters. Er stößt 1515 bei einem Studienaufenthalt in Rom auf die wiederentdeckten *Annales*. Darin ist von einem heldenhaften Arminius die Rede, der einst das römische Reich in der Blüte seiner Macht besiegt habe. »Unstreitig war er der Befreier Germaniens«, behauptet Tacitus.

Damit ist von Hutten ein Schatz in die Hände gefallen. In Arminius erkennt er, was seinen Landsleuten fehlt: ein deutscher Held. Die Franzosen haben Vercingétorix aus den gallischen Kriegen gegen Cäsar. Die Böhmen verehren ihren Landespatron, den Fürsten und Heiligen Wenzel, und den Reformator Jan Hus. Die Schweizer haben Wilhelm Tell. Diesen Landeshelden stellt von Hutten nun den Cherusker an die Seite.

Arminius zieht in die deutsche Kulturgeschichte der Neuzeit ein

Arminius zieht triumphal in die deutsche Kulturgeschichte der Neuzeit ein. Für von Hutten steht Arminius auf einer Ebene mit den größten Feldherren der Antike. 1529 wird posthum sein *Arminius*-Dialog veröffentlicht. Der ist ein fiktives Gespräch zwischen Arminius, Alexander dem Großen, Hannibal und Scipio d. Ä.

Für von Hutten bedeutet Arminius' Sieg über das Heer des Varus den Eintritt in die Geschichte der Deutschen.

Die lobende Schilderung des Arminius aus römischer Sicht ist ein gutes Argument gegen die demonstrative Geringschätzung der »Deutschen«. Italienische Humanisten und die römische Kurie üben sich genüsslich in der Vorstellung, dass nördlich der Alpen immer noch hauptsächlich Barbaren leben. Von Hutten und andere deutsche Humanisten kontern jetzt mit der eigenen »ruhmreichen Geschichte«. Sie modellieren den ersten deutschen Helden. Von Hutten präsentiert im *Arminius*-Dialog einen edlen Freiheitskämpfer, der stets nur daran denkt, wie er »dem Vaterland bei sich bietender Gelegenheit helfen« kann.

Ulrich von Hutten erklärt Arminius zum Vaterlandsverteidiger

Von Hutten erklärt Arminius zugleich zum ersten Vorbild eines Vaterlandsverteidigers gegen die römische Kirche. Dazu versetzt er die Geschichte Deutschlands in das Germanien der antiken Römer zurück und deutet beides damit als gleichwertig. Das ist der Auftakt zu einer Erfolgsgeschichte. Rasch setzt sich eine unhistorische Gleichsetzung von Germanen und Deutschen durch. Arminius als *liberator Germaniae* erscheint als »nationale« Lichtgestalt gegen jede äußere Bedrohung. Bei von Hutten ist es der antirömische Impuls. Die Varusschlacht, die »Befreiung von den Römern«, wird zum Vorbild für die »Befreiung vom römischen Papst«. (Das erklärt, warum Arminius bis ins 20. Jahrhundert ein protestantischer Held bleibt.)

Von Hutten gibt den Takt vor, der die künftige Arminiusrezeption als Mythos begleitet: Der »deutsche Freiheitsheld« Arminius wird zur Allzweckwaffe. Diese Waffe kann man immer mobilisieren, wenn Deutschland in einer Krise steckt. Arminius

Aus dem Illustrirten Katalog der internationalen Kunstausstellung im Königl. Glaspalaste in München 1883*: »Heimkehr der Deutschen aus der Schlacht im Teutoburger Walde«.*

wird zu einem Nothelfer für deutsche Bedrängnis. Schließlich haben sich die germanischen Stämme unter Arminius im Kampf gegen Rom vereinigt und das Imperium spektakulär besiegt. Das lässt sich schon auf die aktuelle Situation und die gegenwärtigen Feinde der Deutschen übertragen. Zur Zeit des deutschen Humanismus ist das die römische Kirche. Zunehmend ist es aber auch Frankreich, das mit Habsburg im dauernden Konflikt steht. (Siehe Bildtafel 10 nach S. 112.)

Arminius braucht für den Mythos einen deutschen Namen

Arminius muss allerdings noch populärer werden, um politische Wirksamkeit zu erreichen. Dafür sorgen weitere Schriften, die ihn zum ersten deutschen Freiheits- und Siegeshelden befördern. Darunter sind die *Bayerische Geschichte* von Johannes Turmair alias Aventin (1477–1534) und ein Reimgedicht von Burkhard Waldis (1490–1566) über die »Zwölf ersten alten Teutschen König und

Fürsten«. Waldis reiht Arminius unter den mythischen deutschen Königen und Stammvätern ein.

Jetzt fehlt nur noch ein deutscher Name für Arminius. Luther tauft ihn in seinen Tischreden »Hermann«. So entsteht »Hermann der Cherusker« als deutscher Held. Luther drückt seine Sympathie für Arminius so aus:

> Wenn ich ein poet wer, so wolt ich den celebriren. Ich hab in von hertzen lib. (Luther, *Tischrede* 5982)

Allerdings gibt es im 16. Jahrhundert noch keine allgemeine Arminiusbegeisterung. Die Katholiken sind froh, dass sie sich im Sinne von Piccolomini durch das Christentum von der »arminischen Barbarei« kulturell hochgearbeitet haben. Es gibt aber auch unter den Protestanten kritische Töne. Dort empfindet man es als problematisch, dass Arminius sich gegen die Obrigkeit aufgelehnt hat. Georg Spalatin (1484–1545), ein Freund Luthers und Humanist, hat eine deutsche Ausgabe aller römischen Quellen besorgt, die Arminius betreffen. Spalatin wirft Arminius vor, er habe »Glaube, Friede und Treue« gebrochen und die Germanen dazu verführt, »ihre Ehre nicht gut versorgt« zu haben.

Arminius gewinnt im 17. Jahrhundert noch an Strahlkraft

Im 17. Jahrhundert kann sich kaum jemand der Faszination des germanischen Heerführers und Freiheitskämpfers entziehen. Das Konstrukt Arminius / Hermann verankert sich fest im Bestand der deutschen Helden. Arminius wird in vielen Schriften immer wieder als kämpferisches Vorbild gefeiert, als Garant deutscher Freiheit und Unabhängigkeit. Der Stoff wird populär. Die Literaten packt das Heldenpathos.

Johann Jakob von Sandrart: »Grossmüthiger feldherr Arminius (Hermann)« (gegen 1689).

Eine der aufwendigsten literarischen Bearbeitungen stammt von Daniel Caspar von Lohenstein (1635–1683). Er schreibt ein Mammutwerk von dreitausendzweihundertachtzig Druckseiten. (Zum Vergleich: In den antiken Quelle nimmt die Varusschlacht nur ein halbes Dutzend Absätze ein.) Von Lohenstein richtet sich mit seinem *Großmüthiger Feldherr Arminius oder Herman* (erschienen 1689) gegen die französische Eroberungspolitik in Richtung Rheingrenze. Er feiert in seinem Arminiusroman deutsche Tapferkeit und Tugenden. Von Lohenstein ist wahrhaft euphorisch in seinem Loblied: Keine Schlacht der Antike, schreibt er, habe man ohne die Hilfe der kriegstüchtigen Deutschen gewinnen können.

Arminius wird international zum Helden

Von Lohenstein hat sich von französischen Autoren zu seinem monumentalen Roman inspirieren lassen. In Frankreich hat man schon zuvor den Arminiusstoff frei nach Tacitus entdeckt. Georges de Scudéry (1601–1667) schreibt 1642 sein Theaterstück *Arminius oder die feindlichen Brüder.* Es ist eine Liebes- und Eifersuchtstragödie und hat die alten Adelstugenden als Thema: mutige Entschlossenheit, Großherzigkeit, Opferbereitschaft und die Suche nach der idealen Liebe. Die Liebestragödie ist jedoch nicht unpolitisch. Hinter den persönlichen Verwicklungen steht der Kampf um die (germanische) Freiheit: Mitte des 17. Jahrhunderts verteidigt der französische Adel seine alten Freiheitsrechte gegenüber der französischen Monarchie, die sich immer absolutistischer gebärdet.

Jean Galbert de Campistron (1656–1723) verfasst 1685 das Theaterstück *Arminius*, eine Tragödie. Darin herrscht der gleiche politische Ton wie bei de Scudéry. Eingebunden in eine Liebestragödie trägt de Campistron den Kampf um die politische Freiheit der Germanen als Kritik an den französischen politischen

Verhältnissen vor, in denen der alternde Ludwig XIV. (1638–1715) immer selbstherrlicher regiert. Die Tragödie feiert vor allem die heroisch-adligen Tugenden der Figuren ganz im Verständnis des adligen Leitbildes, des *honnête homme*.

Arminius wird der Stoff für zahlreiche Opern

De Campistron hat mit seinem Stück großen Erfolg. Es wird Vorlage für zahlreiche Opernlibretti, die im 18. Jahrhundert den Arminiusstoff an den Operhäusern Europas bekannt machen. Im Barock belegen mehr als fünfzig Opern Arminius' Popularität. Händel, Scarlatti, Biber, Hasse und viele andere unbekanntere Komponisten vertonen das Thema. Die Handlung der Libretti verzichtet fast ganz auf politische Inhalte. Oft stellt sie in Form eines Liebesreigens verschiedene Paare vor, die um Arminius und seine Braut Thusnelda gruppiert sind. Der Stoff hat international Erfolg, weil er aller »deutschen« Interpretationen entkleidet ist, von nationalen Tugenden und althergebrachten germanischen Freiheiten.

Exemplarisch: Händels *Arminio* – Kabale und Liebe

Wegen der herausragenden Bedeutung Georg Friedrich Händels (1685–1759) sei hier die Handlung seines *Arminio* exemplarisch vorgestellt. Die Premiere findet 1737 auf Italienisch in London statt. Die *Opera seria* umfasst drei Akte. Der Librettist ist unbekannt, aber das Libretto basiert auf Antonio Salvis (1664–1724) *Arminio*. Es wurde zuerst mit der Musik Alessaro Scarlattis (1660–1725) aufgeführt und geht wiederum zurück auf de Campistrons *Arminius*.

Im ersten Akt haben die Römer die Germanen besiegt. Tusnelda kann Arminio zur Flucht überreden. Gleich darauf meldet der Volkstribun Tullio seinem Feldherrn Varo den Sieg. Aber Varo kann sich darüber nicht freuen: Er hat sich in Tusnelda verliebt. Tullio ermahnt Varo, sich nur dem Ruhm zu widmen. Dieser hält entgegen, der wahre Held brauche sich der Liebe nicht zu schämen. Da kommt Segeste mit Arminios Schwert und einer Schar Soldaten. Sie führen Arminio und Tusnelda in Ketten bei sich. Segeste präsentiert Varo stolz die Gefangenen. Er lässt sich weder von Arminios Vorwurf des Verrats noch von Tusneldas Flehen beeindrucken (siehe Bildtafel 11 nach S. 112). Arminio will sich den Römern nicht beugen, und Segeste freut sich darauf, seinen verhassten Schwiegersohn enthauptet zu sehen.

Segestes Burg: Tusnelda benachrichtigt Sigismondo (Segestes Sohn) und Ramise (Arminios Schwester) von Arminios Gefangennahme. Sigismondo zögert. Er ist in Ramise verliebt. Er will sie daran hindern, sich in Gefahr zu begeben. Doch Ramise eilt fort, um sich für Arminio zu opfern. Tusnelda ist verzweifelt und wirft Sigismondo Selbstmitleid und Untätigkeit vor. Sie eilt Ramise hinterher. Da erscheint Segeste und verlangt von seinem Sohn, sich Ramise aus dem Herzen zu reißen, um für eine bessere Partie frei zu sein. Die Römer hätten gesiegt, und Segeste dürfe sich als ihr Verbündeter höheren Ruhm erwarten. Sigismondo will das nicht hinnehmen; ohne Ramise will er nicht leben. Er wirft seinem Vater das Schwert vor die Füße.

Im zweiten Akt spricht Segeste mit Tullio und rät ihm zur Hinrichtung Arminios. Er räumt ein, dass das Recht und die Vernunft dagegen sprechen und dass vor allem seine Tochter Tusnelda Tränen vergieße. Aber Tullio weiß, wie diese Tränen zu trocknen wären: durch eine Hochzeit mit Varo, der in Tusnelda verliebt sei. So möge Arminios Blut den Frieden zwischen Rom und Germanien besiegeln. Varo zeigt Segeste einen Brief des römischen Kaisers, der dem Plan Vorschub leistet, Arminio zu töten – Augustus erteilt nämlich genau dazu den Befehl: Rom

Rechts: »Hermann und Thusnelda« (1782) von Johann Heinrich Tischbein d. Ä. (1722–1789).

könne nur durch Arminios Tod siegen. Segeste enteilt, um den Auftrag des Kaisers auszuführen. Währenddessen will Varo Tusnelda trösten.

Arminio schmachtet in Ketten. Segeste fordert ihn auf, sich Rom zu unterwerfen, aber Arminius verhöhnt ihn: Er wolle lieber ruhmvoll sterben, als seine Ehre und Würde zu verlieren wie Segeste. Wachen bringen Arminio fort. Auch bei Tusnelda findet Segestes kein Gehör, sie wirft ihm Grausamkeit vor. Dann erscheint Ramise, die mit dem Degen auf Segeste losgeht. Sie wird aber von Sigismondo aufgehalten. Segestes Wut ist jetzt so groß, dass er nicht mehr warten will, Arminio zu enthaupten. Als er fort ist, verlangt Ramise von Sigismondo, seinen Vater zu töten. Sigismondo weigert sich. Er reicht Ramise sein Schwert, damit sie ihren Zorn mit seinem Blut besänftigt. Das bringt sie nicht übers Herz: Die Liebe zu Sigismondo ist stärker als der Hass auf dessen Vater Segeste. Sigismondo sieht ebenfalls keinen Ausweg aus der Situation.

Im Kerker: Tusnelda bittet Arminio, dass er sein Leben rette und sich Rom unterwerfe. Arminio schneidet ihr das Wort ab: Er sei nicht feige; sein mutiges Beispiel möge anderen zum Vorbild dienen. Arminio hat Varo kommen lassen und trägt ihm auf, nach seinem Tod seine geliebte Tusnelda zu heiraten. Auf diese Weise könne er ihr ein besseres Schicksal als ihm bereiten. Varo kann sein Glück noch gar nicht begreifen, da verlangt Tusnelda von ihm, Arminio zu retten, wenn er sie wirklich liebe. Damit rette er zwei Leben: Arminios und ihr eigenes.

Im dritten Akt ist im Hof von Segestes Burg alles für Arminios Hinrichtung vorbereitet. Arminio erwartet erhobenen Hauptes seinen Tod. Er lässt sich nicht beeindrucken von der schwarz verhängten Tribüne, dem neugierigen Volk hinter den Fenstern und den römischen Soldaten. Varo jedoch gibt überraschend den Befehl, Arminio freizulassen. Dagegen verlangt Segeste, ihn umgehend zu enthaupten. Nun taucht Tullio auf;

er bringt die Nachricht, ein germanischer Heerführer habe die römischen Schlachtreihen durchbrochen. Arminio schöpft Hoffnung. Varo erteilt den Befehl, Arminio in den Kerker zurückzubringen. Er trägt Segeste auf, für die Verteidigung seiner Burg zu sorgen. Varo selbst eilt davon, um den neuerlichen Kampf gegen die Germanen aufzunehmen.

Tusnelda sitzt an einem Tisch, auf dem Arminios Schwert liegt und ein Becher mit Gift steht. Arminio sei tot, glaubt sie. Tusnelda zögert noch, wie sie sich selbst töten soll, da kommt Ramise mit den Neuigkeiten. Die Frauen entschließen sich, Arminio zu retten und enteilen mit dem Schwert und dem Becher.

Ramise und Tusnelda bestürmen vor dem Kerker Sigismondo, Arminio zu befreien. Sie drohen, sich umzubringen, falls Arminio sterben muss. Sigismondo kann sich immer noch nicht entscheiden zwischen der Treue zu seinem Vater und der Liebe zu Schwester und Geliebter. Ramise und Tusnelda bleiben weinend zurück. Gleich darauf werden sie von Arminio überrascht – er ist frei und will sofort in den Kampf eilen. Sigismondo hat Arminio nun doch befreit; er hat sich entschieden, auf welcher Seite er stehen will und reicht nun Arminio das Schwert, das er vorher Ramise entwendet hat. Arminio verabschiedet sich, und Tusnelda spricht ihm Mut zu. Ramise hat Angst um Sigismondo, die sich auch gleich bestätigt: Segeste lässt zur Strafe für die Befreiung Arminios seinen Sohn in Ketten legen. Ramise bietet sich statt Sigismondo als Schuldige an, woraufhin Segeste sie ebenfalls verhaften lässt. Die Wachen führen die beiden in den Kerker. Sigismondo will Ramise trösten, aber sie ist verzweifelt, von ihm getrennt zu werden.

Tullio bringt Segeste im Garten die Nachricht, dass das römische Heer vernichtet und Varo gefallen sei. Arminio habe gesiegt, Segeste möge fliehen. Sigismondo will seinen Vater verteidigen, aber der weist seinen Sohn als Verräter von sich. Nun erscheint Arminio mit Tusnelda und Ramise. Er entwaffnet

Segeste, der mit gezogenem Schwert auf Sigismondo losgeht. Arminio schenkt Segeste das Leben, der nun bereit ist, sich Arminio zu unterwerfen. Segeste schwört ihm die Treue, und der Frieden unter den Germanen ist somit wiederhergestellt. (Siehe Bildtafel 12 nach S. 112.)

Die deutsche Reaktion auf die »undeutschen« Interpretationen

Die deutsche Reaktion auf diese »undeutschen« Interpretationen lässt nicht lange auf sich warten. Ein vollständig unpolitischer Arminius ist den Deutschen nicht patriotisch genug. 1743 erscheint die Tragödie *Hermann* des Dichters Johann Elias Schlegel (1719–1749), die ein deutsches Nationaldrama sein soll. Darum beginnt das Stück mit einem Preisgesang auf die die »alten deutschen Tugenden« frei nach Tacitus. In diesem Drama stehen der Einsatz für Gemeinwohl und Vaterlandsliebe ganz oben auf der Tugendskala. Das *Love Interest* verdankt *Hermann* den französischen Autoren – parallel zur politischen Aussage flicht Schlegel eine Liebesrivalität zwischen Hermann und seinem Bruder Flavus um Thusnelda ein.

Der deutsche »Hermann« dient in Frankreich zur politischen Kritik

In Deutschland versteht man Schlegels Stück politisch – als Antwort auf die Eroberungspolitik Ludwigs XIV. Grégoire Bauvin (1714–1778) übersetzt trotz dieser antifranzösischen Tendenz Schlegels *Hermann* ins Französische. *Hermann* wird sogar 1772 als erstes deutsches Theaterstück in Paris aufgeführt. Die französische Übersetzung Bauvins betont auffällig oft die alten Freiheitsrechte der Germanen und verbindet sie mit Kritik an Tyrannei.

Hintergrund ist, dass die französische Zentralmonarchie den politischen Druck auf die Parlamente verstärkt – sie will die altadligen Privilegien und Freiheitsrechte der Provinzen kassieren. Bauvins Heimatprovinz, das Artois, kämpft gerade gegen die Auflösung seiner alten Rechte. Das Thema der germanischen Freiheit bietet eine willkommene Gelegenheit, dagegen literarisch Stellung zu beziehen.

Montesquieu macht die »germanische Freiheit« in Europa populär

Noch deutlicher allerdings wird Baron de Montesquieu (1689–1755). In seinem berühmten Buch *Vom Geist der Gesetze* (1748) verleiht er der englischen Verfassung, der freiheitlichsten der Zeit, germanische Ursprünge. Auch Montesquieu kämpft gegen die Entmachtung der Parlamente durch die französische Monarchie. Und auch bei Montesquieu geht es um die Stärkung des Adels gegenüber dem absoluten Königtum.

Auf diese Weise bildet das Thema der Varusschlacht und des germanischen Freiheitskampfes bis zur französischen Revolution den Hintergrund, über den man sich politisch äußern kann, ohne direkt die Monarchie anzugreifen. Dieser germanische Hintergrund ist historisch weit entfernt und damit ungefährlicher. Erneut ein Clou: Dass Montesquieus Werk in Europa kursiert und zahlreiche Anhänger findet, bietet der »germanischen Libertät«, der angeblich urdeutschen Freiheit, eine internationale Bühne.

Das zerstückelte Deutschland sucht mit Arminius nach einer anderen Zukunft

Das Deutschland der Aufklärung nimmt Montesquieus *Vom Geist der Gesetze* begeistert auf. Das hindert viele Franzosen nicht, abschätzig auf die deutschen »Barbaren« jenseits des Rheins zu blicken. Im 18. Jahrhundert haben sich wichtige Veränderungen für das deutsch-französische Verhältnis ergeben: Die Rezeption des Arminiusmythos in Deutschland und Frankreich war bisher eng mit dem Kulturtrauma einer deutschen Verspätung verbunden.

Der Dreißigjährige Krieg hat ein politisch zerstückeltes und ökonomisch geschwächtes Deutschland zurückgelassen. Gemessen an seinen Nachbarn scheint Deutschland in der Stagnation zu verharren. Im 18. Jahrhundert sind die deutschen Intellektuellen jetzt auf der Suche nach Identitätsformeln und Bildern. Sie wollen gegenüber der französischen Leitkultur einen Mangel überwinden: den Mangel einer eigenen kulturellen Tradition, eines eigenen »goldenen Zeitalters« und einer eigenen politischen Tradition, die gegenüber der aktuellen politischen Zersplitterung Deutschlands mit Stolz erfüllen kann.

Griechisch-römische gegen germanische Antike

Daraus bilden sich zwei Hauptströmungen heraus: Das Deutschland der Aufklärung sucht die kulturellen Wurzeln im antiken Rom und Griechenland. In der zweiten Hälfte des 18. Jahrhunderts bildet sich eine wachsende Griechenbegeisterung. Dagegen setzt Justus Möser (1723–1798) sein Trauerspiel *Arminius* von 1749. Damit möchte er das negative Germanenbild des Tacitus revidieren und seine Vorfahren vom Vorwurf der Barbarei entlasten.

Auch in seiner *Osnabrückischen Geschichte* von 1768 verortet Möser das Idealbild der menschlichen Gesellschaft nicht in den Stadtstaaten des alten Griechenlands, sondern in der »germanischen Urgesellschaft« zwischen Arminius und Karl dem Großen. Die Tugenden der Germanen sieht Möser bei den niedersächsischen Bauern seiner Zeit bestens bewahrt. Die Hochkultur der klassischen Griechen ist über jeden Zweifel erhaben. Aber wie steht es mit den Germanen, denen Tacitus rohe und primitive Verhaltensweisen attestiert? Tatsächlich haben sie sehr wohl Sinn für Theater oder Baukunst besessen, so Möser. Mehr noch: Bei der Kleidung hätten die Germanen sogar einen besseren Geschmack als die Römer bewiesen.

Herder ergreift Partei für die alten Germanen

Möser hofft, dass der deutsche Zuschauer seinem Arminius »vor einem Griechen oder Römer gewogen« sein wird, schreibt er in der Vorrede zu *Arminius*. Johann Gottfried Herder (1744–1803) greift in seinen *Ideen zur Philosophie der Geschichte der Menschheit* 1774 Mösers Gedanken auf, indem er die Gesetze der Germanen rühmt und sich von der griechisch-römischen Antike bewusst abgrenzt.

Einige Autoren des 18. Jahrhunderts sehen die Varusschlacht auch als Antithese zu einer Position, die vor allem in Frankreich vertreten wird: Deutschland sei kulturunfähig, politisch zerrissen und ökonomisch rückständig. Die deutsche Gegenthese: Arminius habe eine »Nation« angeführt, die sich geeinigt habe. Sie sei dem übermächtigen Eroberer mutig entgegengetreten und habe ihn auch vernichtend geschlagen – im Gegensatz zu den Franzosen (Galliern), die mit Vercingétorix in der Schlacht bei Alesia unterlagen. Vor diesem Hintergrund widmen einige deutsche Autoren Arminius, dessen Liebesdrama mit Thusnelda und

Kampf gegen die Römer mehrere Theatertragödien und auch Opern.

Das französische Pendant zu Arminius: Vercingétorix

Vercingétorix (etwa 82–46 v. Chr.) kennt in Frankreich jedes Kind: Er ist ein Anführer der gallisch-keltischen Averner. Im siebten Jahr des Gallischen Krieges (52 v. Chr.) gelingt es ihm, fast alle gallischen Stämme zu vereinigen – zum letzten allgemeinen, aber erfolglosen Versuch, sich gegen den Feldherrn Julius Cäsar zu verteidigen.

58 v. Chr. wird die Herrschaft des besetzten Galliens Cäsar übertragen. Sechs Jahre lang versucht dieser, die römische Vorherrschaft auf ganz Gallien auszudehnen. Das ist nicht allzu schwer: Ähnlich wie die germanischen Stämme sind die Gallier zersplittert, sie sprechen verschiedene Sprachen und sind damit beschäftigt, sich untereinander zu bekriegen. Cäsar weiß das zu nutzen. Vercingétorix gelingt es, mehrere Stämme zur gemeinsamen Rebellion gegen die römischen Besatzer zu einen. 52 v. Chr. schlagen die Gallier die römischen Legionen bei Cenabum, und Vercingétorix wird zum gemeinsamen Anführer erkoren.

Vercingétorix bietet Cäsar eine Weile die Stirn. Dann aber treibt Cäsar ihn auf einem Hügel vor Alesia in die Enge. Dorthin hat der Averner sich mit seinen Truppen zurückgezogen. Cäsar lässt Alesia mit Wällen, Gräben und Palisaden umringen. Den Galliern bleibt keine Chance. Die Belagerung von Alesia dauert gut einen Monat, und schließlich ergibt sich Vercingétorix, um seine Männer zu verschonen. Er kommt in einen römischen Kerker, wo er sieben Jahre lang dahinsiecht. Bei Cäsars Triumphzug in Rom wird er dann zu Tode gefoltert.

Die Niederlage von Alesia beschließt die Eroberung Galliens durch die Römer. 1865 errichtet Napoleon III. dann eine Statue

»Der Triumph Hermanns nach dem Sieg über Varus« (1772) von Johann Heinrich Tischbein d. Ä. (1722–1789). Schloss Arolsen, Stiftung des Fürstlichen Hauses zu Waldeck und Pyrmont.

von 13,60 Metern Höhe auf dem Hügel von Alesia. Vercingétorix ist in Frankreich das Symbol überhaupt für Widerstand gegen Besatzer.

Klopstock erfindet noch die passende Versform

Friedrich Gottlieb Klopstock (1724–1803) geht noch einen Schritt weiter als Schlegel und Möser mit ihren Dramen. Er erfindet zu seiner Hermann-Trilogie noch die passende Versform: das Bardiet. Das Bardiet sei nach Klopstock ein vaterländisches Gedicht. Es soll auf die Schlachtgesänge der germanischen Barden zurückgehen. Zwar hat Klopstock hierfür keine historische Vorlage, aber er erzielt einen gewissen Effekt. Der Göttinger Dichter Christian Graf zu Stolberg (1748–1821) erinnert sich 1771 an eine Bardietenlesung in einem Eichenhain, bei der er »so lebhaft und ganz gefühlt« habe, »ein Deutscher zu sein«.

Auf dieser Grundlage schreibt Klopstock seine Trilogie der Arminiusstücke: *Hermanns Schlacht* (1769), *Hermann und die Fürsten* (1784) und *Hermanns Tod* (1787). Er stellt Arminius als Helden dar, der sich für das Vaterland opfert. Dabei macht Klopstock den Cherusker nicht nur zum Sieger über die Römer, sondern auch zum Retter der deutschen Kultur und Sprache. Klopstocks Stücke tragen zur Verbreitung des Begriffs »Hermannsschlacht« bei.

Der Kampf der Kitsch-Germanen gegen eine eroberungssüchtige, rücksichtslose Weltmacht

Die Hermann-Trilogie gehört zu den einflussreichsten Dichtungen über Arminius. Klopstock zeigt die Varusschlacht als Kampf gegen eine eroberungssüchtige, rücksichtslose Weltmacht. In diesem Kampf prallen zwei Wertesysteme aufeinander: Auf der einen Seite die naturverbundene, einfache, moralische und solidarische Stammesgesellschaft der Germanen. Auf der anderen die ehr- und herrschsüchtigen, menschenverachtenden und tyrannischen Römer. Klopstocks Germanen sind ein Pendant zu den »guten Wilden« der neu entdeckten Welt – sie sind das unschuldige Jäger- und Hirtenvolk, das schon Tacitus beschworen hat.

Dieses Bild mit dem Titel »Die Hermannsschlacht« ist signiert mit »Fritz, d. 20. März 1813, Breslau«. Es handelt sich um eine Zeichnung des preußischen Kronprinzen Friedrich Wilhelm.

Im 18. Jahrhundert halten die alten und neuen Naturvölker Einzug in die Literatur. Sie werfen ein zivilisationskritisches Spiegelbild auf die überfeinerte, amoralische höfische Gesellschaft. Klopstocks Germanen gehören in diese Tradition. Sie knüpfen an die bekannten germanisch-deutschen Klischees an. Diese Kitsch-Germanen sind gut zu instrumentalisieren, weil sie historisch so weit entfernt liegen: Sie dienen als Leitbilder bei der deutsch-bürgerlichen Identitätssuche und stehen in Opposition zu den absolutistischen Fürsten in Deutschland.

Arminius wird zum Gegenpol der klassischen Antike

Klopstock betont immer wieder die altgermanische Freiheit. Damit entspricht er einem Geschichtsbild, das die Entwicklung danach als Weg zu Unfreiheit und Tyrannis deutet. So ähnlich sehen es in diesem Punkt auch die aufklärerischen Schriften Rousseaus. Im Sinne dieser Naturrechtslehre ist der Mensch frei geboren. Diese ursprüngliche Freiheit erfordert gesellschaftliche Veränderungen.

Klopstocks Dichtungen finden enorme Resonanz im Deutschland der späten Aufklärung. Die Deutschen haben keine Nation: Sie definieren sich über ihre gemeinsame Sprache und Kultur. Damit sich Deutschland zu einer politischen Einheit formen kann, bedarf es patriotischer Mythen. Sie sollen die eigene Nationalität auch im Licht der Geschichte bewusst machen. Das hat Klopstock erkannt. Er versucht, dem deutschen Publikum die »nordische« Geschichte und Mythologie nahezubringen.

Damit wendet er sich gegen den kulturellen Mainstream, der die klassische Antike preist, etwa in der Person von Johann Joachim Winckelmann (1717–1768) mit seinen Maßstäben von Ästhetik und Klassizismus. Trotzdem beziehen die tonangebenden Dichter um 1800 ihre Stoffe nicht aus dem Arminiusmythos, sondern aus der Gegenwart oder dem Mittelalter. Friedrich von Schiller (1759–1805) wählt 1804 bei seiner Suche nach einem Freiheitshelden nicht Arminius, sondern Wilhelm Tell.

»Hermann« als Erlöser Deutschlands von Napoleon

Der Historiker Thomas Nipperdey (1927–1992) beginnt sein Standardwerk über die deutsche Geschichte des 19. Jahrhunderts mit dem bekannten Satz: »Am Anfang war Napoleon.« Der Umschwung der Deutschen zu einer entschieden politischen

Auffassung von deutscher Nation kommt mit der französischen Revolution und den Eroberungskriegen des Franzosen. Nach der Niederlage Österreichs und Preußens wird Napoleon immer mehr mit dem Bild eines habgierigen Eroberers identifiziert; er verkörpert die Rücksichtslosigkeit, die man dem alten Rom zumisst. Viele Deutsche wünschen sich, die französische Besatzung zu vertreiben und danach in nationaler Einheit in einem deutschen Vaterland zu leben.

Damit gewinnt die Deutung der Varusschlacht eine neue Dynamik. Das aufkeimende deutsche Nationalbewusstsein benötigt Propagandisten, die die Öffentlichkeit mobilisieren. Einer der populärsten ist der Schriftsteller Ernst Moritz Arndt (1769–1860). Arndts patriotisch-mitreißende Lieder werden überall gesungen. Und er ist auch einer der ersten, der den Befreiungsmythos zu Arminius und Varusschlacht für die die politische Mobilisierung der Massen einsetzt. Arndt ist geschickt und effizient. Er erklärt den Befreiungskrieg gegen Napoleon zur neuen »Hermannsschlacht«. 1805 vergleicht er Napoleon mit den Feldherren des alten Roms und fordert einen »neuen Hermann« als Heilsbringer.

Hier zwei flammende Gedichte Arndts zur Illustration. Zuerst das »Vaterlandslied« (»Der Gott, der Eisen wachsen ließ«) von 1812:

Der Gott, der Eisen wachsen ließ,
der wollte keine Knechte,
drum gab er Säbel, Schwert und Spieß
dem Mann in seine Rechte;
drum gab er ihm den kühnen Mut,
den Zorn der freien Rede,
dass er bestände bis aufs Blut,
bis in den Tod die Fehde.

So wollen wir, was Gott gewollt,
mit rechter Treue halten
und nimmer im Tyrannensold
die Menschenschädel spalten.
Doch wer für Tand und Schande ficht,
den hauen wir zu Scherben,
der soll im deutschen Lande nicht
mit deutschen Männern erben.

O Deutschland, heil'ges Vaterland!
O deutsche Lieb' und Treue!
Du hohes Land, du schönes Land!
Dir schwören wir aufs neue:
Dem Buben und dem Knecht die Acht!
Der fütt're Krähn und Raben.
So ziehn wir aus zur Herrmansschlacht
und wollen Rache haben.

Lasst brausen, was nur brausen kann,
in hellen, lichten Flammen!
Ihr Deutschen alle, Mann für Mann
fürs Vaterland zusammen!
Und hebt die Herzen himmelan
und himmelan die Hände,
und rufet alle, Mann für Mann:
Die Knechtschaft hat ein Ende!

Lasst klingen, was nur klingen kann,
Trompeten, Trommeln, Flöten!
Wir wollen heute Mann für Mann
mit Blut das Eisen röten,
mit Henker- und mit Knechteblut,
o süßer Tag der Rache!

Das klinget allen Deutschen gut,
das ist die große Sache.

Lasst wehen nur, was wehen kann,
Standarten wehn und Fahnen!
Wir wollen heut uns Mann für Mann
zum Heldentode mahnen:
Auf, fliege, stolzes Siegspanier,
voran dem kühnen Reihen!
Wir siegen oder sterben hier
den süßen Tod der Freien.

Vor dem nächsten Gedicht sei Arndt noch in anderer Weise zitiert, damit sein Bild nicht zu einseitig ausfällt. Arndt äußert sich nämlich auch skeptisch gegenüber einer überbordenden Rückbesinnung auf Germanen und Mittelalter:

> Durch unsere deutsche Geschichte läuft ein wunderlicher Wahn, woraus ich gar nicht klug werden kann. Wenn die Deutschen über die traurige Gegenwart klagen, so nehmen sie den Mund so gerne voll von der Allmacht und unüberwindlichen Furchtbarkeit und Stärke ihrer Altvordern im Mittelalter. Ich habe mich danach umgesehen, sie aber nirgends so gefunden. Freilich, wenn man in der ältesten Zeit alles, was germanisch ist, deutsch nennt, ... (Arndt, *Geist der Zeit* I, 1806).

Nun also noch zu Arndts »Hermanns Siegeslied«, verfasst noch vor der Französischen Revolution und Napoleon, 1787:

Wodan, Donnerer sie sanken,
Die Eroberer,
Die Tyrannen, durch der schlanken
Deutschen Todesspeer.

Ha! wie hieben löwenmutig
Todeswunden wir!
Ächzend flohen sie und blutig,
Jauchzend folgten wir.

Und die Fesseln ferner Welten
Sind gerächt, und nie
Sehen wir an unsern Belten
Nie als Herren sie.

Wodan, Dank! Tuiskons Söhne
Sind noch deiner wert,
Sieg sind ihrer Schilde Töne,
Tod ihr Heldenschwert.

Um die schimmernden Altäre
Mit dem Eichenkranz
Tanzen wir zu deiner Ehre
Frei den Lanzentanz.

Adler mit den blutigen Schwingen,
Flögt ihr luft'gen Pfad,
Um zum Kapitol zu bringen,
Was der Deutsche tat.

Denn es schweigt der Feldherrn Rufen,
Schweigt der kleinste Mann;
Keiner, der auf Rosseshufen
Dieser Schlacht entrann.

Wein' itzt alle deine Götter,
August, um dich her!
In der Nacht der Eichenblätter
Herrschet Wodan mehr.

(10) »Der siegreich vordringende Hermann« von Johann Peter Theodor Jansen (1844–1908), entstanden 1870–1873, Kunstmuseen Krefeld.

(11) Johannes Gehrts (1855–1921): »Armin verabschiedet sich von Thusnelda«, 1884 (Lippisches Landesmuseum Detmold).

(12) »Hermann und Thusnelda« (1822) von Johann Heinrich Wilhelm Tischbein (1751–1829).

Vorherige Doppelseite: (13) »Die Hermannsschlacht« von Friedrich Gunkel, wie das Gemälde als Reproduktion im Maximilianeum in München gezeigt wird. Das Original wurde im Zweiten Weltkrieg zerstört.

(14) Otto Albert Koch: »Varusschlacht«, 1909 (Lippisches Landesmuseum Detmold).

(15) Skulptur »Frieden: Der Sturz der apokalyptischen Reiter« von Wilfried Koch (1998) vor dem Lippischen Landesmuseum in Detmold, Kreis Lippe, Nordrhein-Westfalen.

(16) Arminiusquelle gegenüber der Lippequelle und dem Arminiuspark (Bad Lippspringe).

(17) »Friedenszeichen« aller 27 Staaten der EU auf dem »Varusschlacht«-Gelände in Kalkriese im Jahr des 2000. Jubiläums der Schlacht (2009).

An Arminius entzündet sich patriotische Begeisterung

Arndts publizistische Wirkung ist gewaltig. Sein Mittel sind eingängige Lieder, die mit bekannten Melodien unterlegt sind. Damit entfacht er eine patriotische Begeisterung. Zahlreiche Freiwilligenverbände haben seine Lieder auf den Lippen, wie etwa das Lützow'sche Freikorps. In diesen Liedern taucht immer wieder das Muster der »neuen Hermannsschlacht« auf. Dadurch versieht Arndt die Gegenwart mit dem Glanz vaterländischer Tradition. In der Tat bezeichnen patriotische Deutsche die Völkerschlacht bei Leipzig im Oktober 1813 als »neue Hermannsschlacht«. Arndt veröffentlicht in diesem Jahr einen *Katechismus für den teutschen Kriegs- und Wehrmann*, in dem der die deutsche Geschichte mit Arminius beginnen lässt.

Der Mythos um »Hermann« wird so zum Sinngenerator von der Freiwilligenmeldung bis zum Opfertod. Dieser »Hermann« ist ein reines Konstrukt. »Hermann« sei der Erlöser, der die Deutschen zu neuer moralischer und politischer Größe führe. 1808 behauptet der Philosoph Johann Gottlieb Fichte dasselbe wie Klopstock in seiner Hermann-Trilogie: Den Germanen verdankten die Deutschen die deutsche Sprache und den Erhalt des deutschen Freiheitsdranges.

Kleist macht aus Arminius den skrupellosen, freiheitsliebenden Partisanen

Ebenfalls 1808 schreibt der Dichter Heinrich von Kleist (1771–1811) sein Drama *Die Hermannsschlacht*. Darin sind »die Römer« eine Allegorie auf »die Franzosen« (mit Napoleon an der Spitze) und »die Cherusker« eine Allegorie auf »die Preußen«. Kleist gehört zu denjenigen, die zum unbedingten Widerstand gegen die französische Besatzungsmacht aufrufen – zu einem Volkskrieg, wie ihn die preußischen Reformkreise um Freiherrn vom Stein erwägen.

Die Hermannsschlacht wird auch zur Historienmalerei

»Die Hermannsschlacht« ist auch der Titel eines 1862–1864 geschaffenen Gemäldes von Friedrich Gunkel (1819–1876) (siehe Bildtafel 13 nach S. 112). Der bayerische König Maximilian II. gibt es 1857 für das Maximilianeum in Auftrag. Heute ist das Gemälde nicht mehr erhalten. Gunkels »Hermannsschlacht« steht exemplarisch für die Historienmalerei im 19. und frühen 20. Jahrhundert, welche die Varusschlacht immer wieder aufgreift.

Die Historienmalerei ist eine Kunstgattung, die ihre Ursprünge in der Epoche der Renaissance hat. Sie bildet historische Stoffe auf einen einzigen, ahistorischen Moment verdichtet ab, aber auch religiöse, mythisch-sagenhafte oder literarische Stoffe. Wichtigstes Kennzeichen der Historienmalerei ist, dass die dargestellten Personen immer benennbar sind. Oft steht im Mittelpunkt ein Held, eine große, als autonom handelnd dargestellte Einzelpersönlichkeit – wie Arminius bei Gunkel. Historienbilder dienen nicht einer realistischen Darstellung des vergangenen Geschehens, sondern der absichtlichen Verklärung, der Überhöhung und der Ausgestaltung eines Geschichtsmythos. Sie werden oft von Herrschenden in Auftrag gegeben.

Kleists *Hermannsschlacht* ist denkbar kompromisslos

Kleists Drama *Die Hermannsschlacht* ist das kompromissloseste Stück, das über Arminius als Freiheitskämpfer geschrieben wird: Die Römer und allen voran Varus sind darin kaltblütige Eroberer. Sie bedrohen die Germanen mit ihrer menschenverachtenden imperialen Expansionspolitik in ihrer kulturellen Identität und »nationalen« Eigenart. Kleists Hermann auf der anderen Seite ist nicht der gefeierte makellose Held der Barockbühne – er tut nicht immer und zur rechten Zeit das Richtige. Moralisch ist er nicht unantastbar. Hermann in Kleists Stück ist ein gewiefter, skrupelloser Taktiker, ein begabter Schüler Machiavellis, der die Germanen zum Hass gegen die fremden Besatzer aufstacheln will.

Exemplarisch: Kleists *Hermannsschlacht* – Hermann in Bedrängnis

Wegen Kleists Bedeutung als Schriftsteller sei die Handlung des Stücks kurz dargestellt. Hermann wird von zwei Seiten bedrängt. Marbod, der Anführer der Markomannen, steht im Südosten seines Landes und fordert Tribut von ihm. Aus dem Westen bedroht ihn Varus mit drei Legionen. Varus bietet Hermann seine Hilfe gegen Marbod an. Insgeheim hat Varus aber Marbod angeboten, gemeinsam gegen Hermann vorzugehen. Bei Hermann versammeln sich germanische Fürsten, die ihn zum Krieg gegen die Römer drängen. Hermann lehnt das ab. Er weist auf die militärische Unterlegenheit der Germanen hin.

Hermanns Frau Thusnelda wird von dem römischen Legaten Ventidius umworben, der heimlich eine Locke ihres blonden Haares abschneidet. Ventidius überbringt ein ultimatives Hilfsangebot der Römer, das Hermann zum Schein schließlich annimmt. Hermann setzt sich aber gleichzeitig mit Marbod in Verbindung und informiert ihn über Varus' doppeltes Spiel. Varus bietet Marbod an, gemeinsam gegen Varus in den Kampf zu ziehen.

Die Römer marschieren in das Land der Cherusker ein und verheeren es. Dieses Verhalten nutzt Hermann, um den Hass der Germanen auf die Römer zu schüren. In Teutoburg begegnet er Varus und erschleicht sein Vertrauen.

Marbod zögert, ob er sich mit den Cheruskern verbünden soll, wird dann aber überzeugt: Marbods römische Berater fliehen, und Hermann legt zum Beweis seiner Treue das Leben seiner beiden Söhne in Marbods Hände. Die Vergewaltigung eines germanischen Mädchens bietet Hermann Anlass, das Volk zum Aufstand gegen die Römer anzustacheln. Weiterhin zeigt er Thusnelda einen Brief des Legaten Ventidius, in dem dieser einer Kaiserin Livia die blonden Haare Thusneldas verspricht.

Die Römer irren durch den Teutoburger Wald. Ihre germanischen Verbündeten verlassen sie. Thusnelda rächt sich an Ventidius: Sie lockt ihn in das Gehege einer Bärin, die ihn zerfleischt. Die römischen Legionen werden in der »Schlacht im Teutoburger Wald« geschlagen, Varus wird getötet. Die germanischen Fürsten bestimmen Hermann zum »König«. Man beschließt sogar, »nach Rom selbst mutig aufzubrechen«.

Kleists *Hermannsschlacht* ist eine Anleitung zum totalen Partisanenkrieg

Kleists *Hermannsschlacht* ist kein erbauliches Patriotenstück. Dazu ist er als Schriftsteller auch zu gut. Es ist eine Anleitung zum totalen Partisanenkrieg. Der Zweck heiligt die Mittel, und dieser besteht in der Wiedererringung der germanischen Freiheit, eines hohen ethischen Ziels, das ihn gerade eben noch davor rettet, in Amoralität und Barbarei zu versinken.

Kleist versteht, dass die bisherige kulturelle Identität der Deutschen sich mit politischen Inhalten aufladen muss, um wirksam zu werden. Sein Drama ist nicht so eingängig wie Arndts Lieder. Außerdem wird es zunächst weder gedruckt noch aufgeführt. Daher erzielt es zunächst keine große Wirkung. Das wird sich aber am Vorabend zum Ersten Weltkrieg ändern.

An einer »Hermanns«-statue: Württembergisches Turnfest in Reutlingen, 22. September 1845.

»Turnvater« Jahn reißt die Massen mit und mobilisiert sie

Ganz anders geht es Friedrich Ludwig Jahn (1778–1852), dem »Turnvater«. Er kann die Massen mitreißen. Jahn verbindet Franzosenhass mit Hermannmythos. 1810 bezeichnet er Arminius als »Volksheiland« und will das Datum der Varusschlacht zum Nationalfeiertag machen. Welches Datum dies sein soll, bleibt Jahns Geheimnis. Er schreibt eine fiktive »Rede des Arminius an die Deutschen vor der Teutoburger Schlacht«. Mit dieser Rede möchte Jahn Freischärler für das Lützow'sche Freikorps anwerben.

1833 veröffentlicht Jahn seine *Briefe an Auswanderer.* Darin heißt es:

Armin hatte Roms Macht, Pracht und Herrlichkeit gesehen, war als Zuzugsführer alles geworden, was ein späterer Rheinbündner nur beim Erbfeind erstreben konnte. Würden und Ehren hielten ihn nicht, Germaniens Eichen galten ihm mehr, als die Marmorhallen des Selbstherrschers. Das deutscheste Herz bracht' er aus der Fremde zurück, nicht Tand und Welschsucht. Er stand zu seinem Volk, wie's vor Gott und Menschen recht ist, und bei Freund und Feind ruhmvoll in alle Ewigkeit. So ward der Morgen unserer Geschichte ein Sonnenaufgang und glücklicher Befreiungskrieg.

Der unerfüllte Traum von deutscher Einheit nährt den Arminiusmythos weiter

Arminius als Erlöser, der die Deutschen zu neuer moralischer und politischer Größe führt – das ist der Traum der Befreiungskriege gegen Napoleon. Die politische Wirklichkeit nach 1815 sieht allerdings anders aus. Auf dem Wiener Kongress einigen sich die Fürsten unter Metternich auf ihren eigenen Machterhalt. Sie schaffen souveräne deutsche Einzelstaaten, ohne Beteiligung des Volkes: Die Einheit der deutschen Stämme bleibt ein Traum, Deutschland wird kein Nationalstaat. Dieser unerfüllte Traum gibt der Arminiusliteratur neue Nahrung. Der Cherusker gilt schließlich als Garant der verpassten deutschen Einheit und Freiheit.

Von der preußischen und österreichischen Obrigkeit wird Arminius nach dem Wiener Kongress als Bedrohung wahrgenommen. Sie verbietet studentische Burschenschaften mit Namen wie »Germania«, »Arminia« oder »Teutonia«. Ernst Moritz Arndt entzieht man die Lehrerlaubnis. »Turnvater« Jahn muss gar ins Gefängnis. 1822 übersetzt der Schweizer Historiker Ernst Münch (1798–1841) Ulrich von Huttens *Arminius*-Dialog aus dem Lateinischen ins Deutsche, Preußen aber verbietet die Übersetzung. Der Dramatiker Christian Dietrich Grabbe (1801–1836) stellt 1836 das

Geschichtsdrama *Die Hermannsschlacht* fertig und zeichnet darin ein realistischeres Bild der historischen Ereignisse als Kleist.

Die andere Seite des Arminiusmythos

Kleist, Arndt und andere haben im Kampf gegen Napoleon den deutschen Patriotismus mit Hass verbunden. Damit verdüstert sich auch Arminius' Gestalt zunehmend und wird Teil eines sich immer fremdenfeindlicher gebärdenden Nationalismus. Aber das ist nur die eine Seite des Mythos. Der Dichter Ferdinand Freiligrath (1810–1876) stellt die historische Kontinuität zwischen Germanen und Deutschen über die Völkerwanderung hinweg in Frage. Der Schriftsteller Karl Immermann (1796–1840) relativiert die Bedeutung von Arminius' Sieg – Germanicus habe schließlich schon sechs Jahre nach der Varusschlacht wieder römische Truppen an den Schlachtort geführt.

1844 erscheint *Deutschland, ein Wintermärchen* von Heinrich Heine (1797–1856). Es ist von einer 1843 unternommenen Reise von Paris nach Hamburg inspiriert. Das *Wintermärchen* beginnt als jubelndes Bekenntnis zum Fortschritt und zur Befreiung der Menschheit, als Kampfansage an die reaktionären Mächte, die sich an ihre Pfründe klammern und das politische Leben in Deutschland ersticken. Das Caput XI daraus ist in der Einführung dieses Buches zitiert (S. 13ff.). Heine verspottet die Vereinnahmung der Varusschlacht durch den deutschen Nationalismus.

Heine kommt auf seiner Reise durch den Teutoburger Wald und beschreibt ironisch den »klassischen Morast«, in dem Varus steckengeblieben ist. Er macht sich über die lustig, deren Germanophilie sich mit einem Arrangement mit den herrschenden Feudalmächten verbindet. In diesem deutschen nationalen Sumpf versinken alle, die »noch immer den Arminius den Cherusker und seine Frau Thusnelda« preisen, als wären sie deren

»blonde Enkel« – ein »wandelndes Denkmal einer untergegangenen Zeit«.

Giebelfries der Nordseite der Walhalla. Es zeigt links die Germanen unter Arminius in der Schlacht im Teutoburger Wald gegen die von Westen (rechts) anstürmenden Römer.

Dabei sieht Heine die Befreiungstat der Varusschlacht durchaus positiv. Er stellt deren Bedeutung nicht in Frage. Er kämpft aber mit der Waffe der Ironie gegen den abgelebten falschen Patriotismus der deutschtümelnden Germanenschwärmer. Sie verwechseln die altgermanischen Tugenden wie Treue und Tapferkeit mit Grobheit und militärischer Arroganz.

Das *Wintermärchen* löst kurz nach seinem Erscheinen die heftigsten Reaktionen aus. In Preußen kommt es zum Publikationsverbot. Heine findet aber auch enthusiastische Zustimmung. Ihm gebührt das Verdienst, frühzeitig die künftigen Exzesse des Nationalismus vorauszuahnen: obrigkeitsstaatlichen, militärisch geprägten Untertanengeist und chauvinistische, antiaufklärerische und antisemitische Hetzpropaganda, die sich vereinen. So geschieht es dann in den reaktionären und völkischen Kreisen nach der Reichsgründung.

Als Heine sein *Wintermärchen* schreibt, hat der Bau des Hermannsdenkmals bei Detmold gerade begonnen. Bereits 1842 fertiggestellt ist allerdings ein anderes Denkmal der Varusschlacht: die Walhalla (nach »Walhall« – Halle der Gefallenen) bei Regensburg, die in ihrem nördlichen Giebelfries die Varusschlacht darstellt. Die Walhalla ehrt auf Veranlassung des bayerischen Königs Ludwigs I. seit 1842 bedeutende Persönlichkeiten »teutscher Zunge« mit Marmorbüsten und Gedenktafeln.

Arminius wird in der Walhalla als »Persönlichkeit teutscher Zunge« geehrt

Die Errichtung der Walhalla steht wieder vor dem Hintergrund der Niederlagen gegenüber Napoleon und »Teutschlands tiefster Schmach« im Jahr 1806, als sich das Heilige Römische Reich Deutscher Nation auflöst. Vor diesem Hintergrund suchen die Deutschen eine gemeinsame nationale Identität in der Vergangenheit, bis zurück zur Germanenzeit. Der damalige Kronprinz Ludwig lässt bereits 1807 eine Serie von Büsten »rühmlich ausgezeichneter Teutscher« erschaffen.

An der Nordseite der Walhalla zeigt das vollplastische Giebelfeld die Varusschlacht: die Germanen unter Arminius (links) gegen die von Westen (rechts) anstürmenden Römer. (Wobei sich schon aus Tacitus ergibt, dass es mit dem Stürmen umgekehrt war.) Die Walhalla zeigt vierundsechzig Gedenktafeln. Die Nummer 1 davon zeigt Arminius über dem Eingangstor. Die Inschrift lautet: »Hermann der Römer Besieger, + XXI«. Man darf fragen, in welcher »teutscher Zunge« sich der Cherusker Arminius und der Bayer Ludwig verständigt hätten. Wahrscheinlich wäre es auf Latein gewesen, der Sprache der Römer.

Das »Hermanns«denkmal als nationale Gedenkstätte

Während dieser Zeit reifen die Pläne für ein Denkmal des Arminius, das »Hermanns«denkmal. Der Architekt, Bildhauer und Maler Ernst von Bandel (1800–1876) und der Detmolder Stadtrat und Schriftsteller Moritz Leopold Petri (1802–1873) verfolgen über Jahrzehnte die Idee der Errichtung eines Arminiusdenkmals. Von Bandel ist ein Eigenbrötler, der seit jungen Jahren vom Gedanken an das Monument besessen ist. Er und Petri wollen

Arminius/Hermann eine nationale Gedenkstätte setzen, als Symbolfigur für die ersehnte deutsche Einheit. Auf einem Berggipfel soll es stehen, das Denkmal, in einer Reihe mit Bergheiligtümern und Wallfahrtsorten.

1838 gründet sich der »Verein für das Hermannsdenkmal«. Im selben Jahr beginnen die Ausschachtungsarbeiten, und 1841 legt man den Grundstein. Das erfordert einen mächtigen Unterbau, damit man Arminius von Ferne sehen kann. Auf diesen riesigen Sockel stellt von Bandel die Statue mit erhobenem Schwert. Das soll die Symbolfigur des Arminius mit dem Gedanken der mächtigen Nation verknüpfen, mit ihrer Stärke und Größe.

Bei der Feier zur Grundsteinlegung sprechen die Festredner davon, Arminius habe »den Unterschied zwischen Herren und Sklaven, zwischen Bürger und Fremdling« getilgt. Er habe auch die »übrigen Völker der Erde« befreit. Das Denkmal soll also zu dieser Zeit nicht nur ein Aufruf zur Einigung des deutschen Volkes (nicht der Fürsten) sein, sondern auch ein Freiheitssymbol für alle Völker. Dieses national-liberale Verständnis verliert sich allerdings im Weiteren. Es sind die aggressiven Töne, die sich durchsetzen. Im Übrigen wandelt sich die Bewegung für das Hermannsdenkmal von einer großdeutschen (mit Österreich) Intention zu einer explizit kleindeutschen (ohne Österreich). So wird es sich vor allem in der Einweihungsfeier von 1875 ausdrücken.

1846 wird der Sockel fertiggestellt. Danach sind die Finanzmittel des Denkmalvereins aufgebraucht, großteils Spendengelder. Der Weiterbau stockt. Die Freunde des Hermannsdenkmals tun sich schwer mit dem Bau. Karl Marx spottet: »Das Zeug wird ebenso langsam fertig wie Deutschland.« (So schreibt er 1867 an Friedrich Engels, als er die »Hermanns-Säule-Werkstatt« in Hannover besucht hat.) Streitereien mit örtlichen Honoratioren und der allgegenwärtige Geldmangel schaffen immer wieder Probleme für das Monument.

Der Bau ruht in der Phase der Reaktion: Nach der »Revolution« von 1848 ruhen die Arbeiten bis 1863. In dieser Zeit fehlt nicht nur das politische Interesse am Weiterbau, sondern auch das finanzielle. Die Beschaffung der notwendigen Mittel erweist sich als sehr mühevoll. Erst nach der Gründung des Deutschen Reiches (1871), nach dem deutsch-französischen Krieg (1870/71), wird das Denkmalprojekt wieder populär. Der neue deutsche Reichstag und Kaiser Wilhelm I. ermöglichen große Spenden und die pompöse Einweihung des Baus am 17. August 1875.

Eine pompöse Einweihungsfeier: »Arminius = Kaiser Wilhelm I.«

Dreißigtausend Zuschauer nehmen teil, darunter auch Kaiser Wilhelm I. Das Hermannsdenkmal steht in der »Grotenburg« genannten Ringwallanlage auf dem stark bewaldeten Teutberg (dreihundertsechsundachtzig Meter hoch). Die Militärkapellen spielen zur Melodie von Joseph Gungl (1810–1889) das Lied von der »Teutoburger Schlacht« (»Als die Römer frech geworden«, siehe Einführung, S. 16ff.) von Josef Viktor von Scheffel (1826–1886), das er 1848 als »Bummellied« geschrieben hat. Die Reden anlässlich der Einweihung und einige Inschriften auf dem Monument setzen Arminius und Wilhelm I. gleich.

Das Schwert des Arminius trägt die Inschrift: »Deutsche Einigkeit meine Stärke – meine Stärke Deutschland Macht«, wie weiter oben schon erwähnt. Auf dem Schild steht: »Treufest«. In den Nischen des Denkmals werden nach der Reichsgründung von 1870/71 Sprüche eingefügt. Sie verbinden die deutsch-französische Erbfeindschaft mit der germanisch-römischen Geschichte:

Der lang getrennte Stämme vereint mit starker Hand,
Der welsche Macht und Tücke siegreich überwandt,
Der längst verlorene Söhne heimführt zum Deutschen Reich,
Armin, dem Retter ist er gleich.

Wilhelm, Kaiser, 22. März 1797, König von Preußen, 2. Januar 1861. Erster Kaisertag, Versailles, 18. Januar 1871, Krieg 17. Juli 1870, Frieden 26. Februar 1871.

Am 17. Juli 1870 erklärte Frankreichs Kaiser, Louis Napoleon, Preußen den Krieg, da erstunden alle Volksstämme Deutschlands und züchtigten von August 1870 bis Januar 1871 immer siegreich französischen Übermut unter Führung König Wilhelms von Preußen, den das deutsche Volk am 18. Januar zu seinem Kaiser erkor.

Nur weil deutsches Volk verwelscht und durch Uneinigkeit machtlos geworden, konnte Napoleon Bonaparte, Kaiser der Franzosen, mit Hilfe Deutscher Deutschland unterjochen; da endlich 1813 scharten sich um das von Preußen erhobene Schwert alle deutschen Stämme ihrem Vaterland aus Schmach die Freiheit erkämpfend. Leipzig, 18. Oktober 1813 – Paris, 31. März 1814 – Waterloo, 18. Juni 1815 – Paris, 3. Juli 1815.

Arminius liberator haud dubie Germaniae et qui non primordia populi romani, sicut alii reges ducesque, sed florentissimum imperium lacessieret: proeliis ambiguus, bello non victus. (Tacitus, *Annales*: II, 88)

(Armin, ohne Zweifel Deutschlands [Germaniens] Befreier, der das römische Volk nicht in seinen Anfängen bedrängt hat wie andere Könige und Heerführer, sondern in der höchsten Blüte seiner Herrschaft: In Schlachten mit schwankendem Erfolge, im Kriege nicht besiegt.)

1950 bringt der Ostwestfälisch-Lippische Friedensring noch eine Tafel auf einem Findling direkt neben dem Denkmal an. Die Inschrift lautet: »Deutsche Männer und Frauen bekennen sich anlässlich des 75jährigen Bestehens des Hermannsdenkmals einmütig zur Einigung der Völker durch den Frieden.«

Arminius verliert die Bedeutung von Freiheit und steht für militärische Stärke

Ernst von Bandels Hermannsdenkmal erhält mit dieser aggressiv-nationalistischen Interpretation einen neuen Sinn. Ursprünglich plant von Bandel das Denkmal zur Erinnerung an die Befreiung Deutschlands. Gleichzeitig soll es aber auch als aktuelles Mahnmal für die Einigkeit und Einheit der deutschen Stämme stehen. Mit der Einweihungsfeier nach der Reichsgründung wird das Hermannsdenkmal zu einem Symbol des Sieges über den »Erbfeind« Frankreich. Es steht für eine wiedergewonnene nationale Einheit unter preußischer Führung.

Verlorengegangen ist damit das Wort »Freiheit«, das ursprünglich mit der Idee des Monuments verknüpft ist. Man hat das Hermannsdenkmal nachträglich »umgewidmet«. Dadurch wird aus dem Befreiungsakt des Arminius eine Demonstration von Macht und militärischer Stärke. Arminius steht für die ständige Bereitschaft zur Abwehr eines allseits präsenten Feindes. Dieses Feindbild überträgt man nahtlos von den Römern auf die Franzosen.

Die Varusschlacht und »Hermann« werden zum zentralen Gründungsmythos des neuen Kaiserreiches

Der Hermannmythos wird zum zentralen Gründungsmythos des neuen Kaiserreichs. Seit den Befreiungskriegen gegen Napoleon nimmt er in der öffentlichen Wahrnehmung immer größeren Raum ein. Die Varusschlacht markiert einen konkreten, klar umrissenen Gründungsakt aufgrund eines militärischen Sieges. Die geeinte Nation definiert sich militärisch. Sie grenzt sich damit zu ihren Nachbarn und vermeintlichen Feinden ab. Die Varusschlacht beantwortet die Frage der Deutschen nach ihrer Identität, die sich nach der Reichsgründung neu stellt: Sie bietet einen gemeinsamen Rückbezug auf die germanische Frühzeit.

Darum gerät parallel zum Arminiuskult auch diese germanische Frühgeschichte in den Blickpunkt. Historiker bemühen sich, die anfängliche Kulturhöhe der Germanen gegenüber den antiken Mittelmeerkulturen nachzuweisen. Die Deutschen wollen sich der Germanen als der direkten eigenen Vorfahren versichern. Das entspringt dem Wunsch, die eigene Nation als Ergebnis einer langen und eigenständigen historischen Entwicklung zu begreifen.

Das Zeug zum »Varus« hat jeder potentielle Feind

Der Arminiusmythos fungiert nach außen als Drohgebärde. Nach innen ist er ein probates Mittel, um innenpolitische Gegner auszugrenzen. Das gilt etwa für die Katholiken. Die Enthüllung des Hermannsdenkmals fällt mitten in die Zeit des Kulturkampfes zwischen dem deutschen Reich und der katholischen Kirche. Arminius feiert als Kämpfer gegen Rom und (hier) den Papst protestantische Urständ. Der evangelische Superintendent aus Lippe ruft bei der Einweihung des Hermannsdenkmals entrüstet aus:

> Gott sei es geklagt, dass es noch Deutsche gibt, denen die Herrlichkeit des Deutschen Reiches ein Dorn im Auge ist.

Bezüglich der äußeren und inneren Feinde hat sich Heine in seinem *Wintermärchen* auch in diesem Punkt als visionär erwiesen. Sein Caput II endet mit:

Ein Passagier, der neben mir stand,
Bemerkte, ich hätte
Jetzt vor mir den preußischen Zollverein,
Die große Douanenkette.

»Der Zollverein« – bemerkte er –
»Wird unser Volkstum begründen,
Er wird das zersplitterte Vaterland
Zu einem Ganzen verbinden.

Er gibt die äußere Einheit uns,
Die sogenannt materielle;
Die geistige Einheit gibt uns die Zensur,
Die wahrhaft ideelle –

Sie gibt die innere Einheit uns,
Die Einheit im Denken und Sinnen;
Ein einiges Deutschland tut uns not,
Einig nach außen und innen.«

Für die notorisch unsichere deutsche Nation sind die äußere Welt und das Land im Innern voller neidischer Feinde. Wo und wann immer ein selbst definierter Feind der »deutschen Sache« auftaucht, sieht man in ihm einen neuen Varus. Diese »Varusse« können Franzosen sein, Juden, Katholiken oder Sozialisten – das Zeug zum »Varus« hat jeder, der nicht zur »deutschen Sache« passt.

Felix Dahn verfasst einen »Siegesgesang nach der Varusschlacht«

Felix Dahn (1834–1912), Autor von *Ein Kampf um Rom*, verfasst 1872 einen »Siegesgesang nach der Varusschlacht«. Darin verbinden sich historische Bezüge mit aktuellen Weltherrschaftsphantasien. Es heißt dort etwa:

> Heil dem Helden Armin. Auf den Schild hebet ihn. Zeigt ihn den unsterblichen Ahnen: Solche Führer wie den gib uns, Wodan, mehr – und die Welt sie gehört den Germanen.

Theodor Mommsen (1817–1903) sieht analog zu Tacitus in Arminius den »Befreier Deutschlands« und lehrt in seiner Vorlesung »Römische Kaisergeschichte«, dass in der Varusschlacht zum ersten Mal ein deutsches »Nationalgefühl« [sic] aufgetreten sei. Friedrich Engels (1820–1895) sieht in der Varusschlacht »einen der entscheidensten Wendepunkte der Weltgeschichte« (*Zur Urgeschichte der Deutschen*). Ende des 19. Jahrhundert entstehen etliche Historienbilder, die Arminius eine besondere Rolle zuweisen.

Deutsche Auswanderer in den USA initiieren ein eigenes Arminiusmonument

1897 wird auf Initiative deutscher Auswanderer in den USA das Hermann Heights Monument eingeweiht. Es steht in New Ulm in Minnesota und soll ein Pendant zum Hermannsdenkmal bei Detmold sein. Es geht auf den Architekten Julius Berndt zurück, der der Loge des »Order of the Sons of Hermann« angehört.

Diese Loge finanziert auch den Bau des Monuments. Die deutschen Einwanderer wollen das Denkmal als Symbol des

Hermann Heights Monument, New Ulm, Minnesota.

Stolzes auf ihr Heimatland verstanden wissen, aber auch als Beitrag zur Integration und Freundschaft zwischen Deutschen und Amerikanern. Zur Einweihung versammeln sich über zehntausend deutsche Einwanderer in New Ulm.

Kleists *Hermannsschlacht* erfährt im Zuge des Ersten Weltkriegs Beliebtheit

Im Zuge des deutsch-französischen Kriegs und der Proklamation des Deutschen Reichs beginnt sich nun Heinrich von Kleists *Hermannsschlacht* von 1808 beim Publikum durchzusetzen. Die Uraufführung 1860 und die folgenden Inszenierungen sind noch ziemlich erfolglos. Das ändert sich jetzt gründlich. Wilhelm II. ruft 1914 zum Beginn des Ersten Weltkriegs seinem Volk zu: »Noch nie ward Deutschland überwunden, wenn es einig war.« Ein Satz, der die erstrebte Burgfriedenspolitik ausdrückt.

Damit bemüht der Kaiser ebenjenen Mythos von der Einheit, der auch den Arminiuskult groß gemacht hat. Arminius und mit ihm Kleists *Hermannsschlacht* erfahren neue Beliebtheit. 1914 kommen Boten zwischen den Akten auf die Bühne und verkünden die aktuellen Siegesmeldungen von der französischen Front. Das Feld der Varusschlacht geht eine eigentümliche Symbiose ein mit den Schlachtfeldern des Ersten Weltkriegs. (Siehe Bildtafel 14 nach S. 112.)

Das Hermannsdenkmal als Wallfahrtsort für Nationalisten

Von der Reichsgründung bis zum Ende des Zweiten Weltkriegs ist Arminius im öffentlichen Bewusstsein derjenige, der den Grundstein der deutschen Geschichte gelegt hat. Und man geht allgemein davon aus, dass eine zweitausendjährige Kontinuität diese Geschichte durchzieht. Die Urteile der Historiker tragen diese Ansicht. Die Kontinuität betrifft vor allem die Kultur, aber die Arminiusverehrung spielt auch eine politische Rolle. Das Hermannsdenkmal wird zu einem Wallfahrtsort für Nationalisten, Rassisten und Antisemiten. Schon 1893 versammeln sich die »Antisemiten Deutschlands« am Monument und würdigen Arminius als »Urvater aller rassisch reinen Deutschen«. 1909 sagt der Vertreter der »Deutschen Turnerschaft«, ohne die Varusschlacht sei »das deutsche Volk bald mit römischem Blute durchsetzt«. Das erinnert an den Eintrag im rechtsextremen Onlinelexikon Metapedia aus der Einführung (S. 12f.).

Arminius als Märtyrer der Dolchstoßlegende

Im Ersten Weltkrieg kursieren Ansichtskarten mit dem Aufdruck »Wir kämpfen unter Hermanns Zeichen, bis alle unsere Feinde bleichen.« Nach der Niederlage bietet sich ab 1918 Arminius als historische Parallele zur Dolchstoßlegende an. Allerdings nicht mehr als Sieger, sondern als Märtyrer, der »im Kriege unbesiegt« der germanischen Zwietracht zum Opfer fällt. Da versteht sich von selbst, dass die Feinde der Weimarer Republik am Hermannsdenkmal gegen das »Diktat von Versailles« wettern und mit einer neuen Varusschlacht drohen. 1924 behauptet der Vorsitzende des Deutschen Sängerbundes: »Die Aufgabe, die sich Armin stellte, ist heute auch die unsrige.«

Mecklenburgisches Landestheater
Schwerin.

Mittwoch, den 2. Mai 1923. ◆ 4. Fremdenvorstellung Abtlg. VII.

Die Hermannsschlacht

Ein Drama in 5 Aufzügen (11 Bildern) von Heinrich von Kleist.

In Szene gesetzt von Martin Baumann.

Personen:

Hermann, Fürst der Cherusker	Arno Hoß.
Thusnelda, seine Gemahlin	Friederike Petermann.
Rinold } seine Knaben	Eva Benndorf.
Adelhart } seine Knaben	Liesel Westphal.
Eginhardt, sein Rat	Peter Dumas.
Luitgar } dessen Söhne, seine Hauptleute	Hans-Joachim Büttner.
Astolf } dessen Söhne, seine Hauptleute	Gustav Krieger.
Egbert, ein and. cherusk. Anführer	Wilhelm Kruse.
Gertrud } Frauen der Thusnelda	Cornelia von Natzmer.
Berta } Frauen der Thusnelda	Elma Hartmuth.
Marbod, Fürst der Sueven, Verbündeter des Hermann	Carl Randt.
Attarin, sein Rat	Gustav Krüger.
Komar } suevische Hauptleute	Ludwig Büdinger.
Brunold } suevische Hauptleute	Heinrich Geyer.
Wolf, Fürst der Katten } Mißvergnügte	Martin Baumann.
Thuiskomar, Fürst der Sikambrer } Mißvergnügte	Otto Freiburg.
Dagobert, Fürst der Marsen } Mißvergnügte	Emil Behren.
Selgar, Fürst der Brukterer } Mißvergnügte	Berthold Büche.
Fust, Fürst d. Zimbern } Verbündete der Römer	Edmund Heding.
Gueltar, Fürst d. Nervier } Verbündete der Römer	Jan Mennenga.
Aristan, Fürst d. Ubier } Verbündete der Römer	Richard Spethmann.
Quintilius Varus, röm. Feldherr	Adalbert Zschokke.
Ventidius, Legat von Rom	Kurt Wenkhaus.
Septimius } römische Anführer	Johannes Enderlein.
Crassus } römische Anführer	Georg Hartmuth.
Teuthold, ein Waffenschmied	Emil Bahren.
Eine Alraune	Luise Eyben.
Erster } cheruskischer Hauptmann	Bernhard Döscher.
Zweiter } cheruskischer Hauptmann	Adolf Rehkopf.
Dritter } cheruskischer Hauptmann	Berthold Büche.
Ältester von Teutoburg	Heinrich Riebe.
Ein junges Mädchen	Marja Peters.
Ein anderes junges Mädchen	Käthe Markwardt.
Eine Mutter	Karoline Bahren.
Ein Mann	Jacob Zimmer.
Ein Weib	Auguste Hohlfeld.
Erster } Cherusker	Adolf Rehkopf.
Zweiter } Cherusker	Berthold Büche.
Ein römischer Feldherr	Georg Hartmuth.
Ein römischer Hauptmann	Rudolf Grohmann.
Erster } Römer	Paul Hinzpeter.
Zweiter } Römer	Paul Rode.
Erster } cheruskischer Bote	Berthold Büche.
Zweiter } cheruskischer Bote	Bernhard Döscher.
Dritter } cheruskischer Bote	Adolf Rehkopf.

Männer, Frauen und Kinder von Cheruska.
Cheruskische, suevische und römische Krieger.

Die größere Pause ist nach dem 3. Aufzug (3. Bild).

Bühnenbilder: Maschineriedirektor Kranich.

Die Platznummer ist zugleich Kleiderablagenummer.

Während des Spiels ist der Eintritt nicht gestattet.

Preisstufe II (einschl. Sozialabgabe und Kleiderablagegeld):

Fremdenlaube	2150.— ℳ
Orchesterlaube	2150.— ℳ
1. Rang	1700.— ℳ
Orchestersessel	1700.— ℳ
1. Sperrsitz	1550.— ℳ
2. Sperrsitz	1250.— ℳ
2. Rang 1. Reihe und Mitte	1250.— ℳ
2. Rang Seite	1100.— ℳ
2. Rang Bühnenlaube	950.— ℳ
3. Rang Mitte 1. und 2. Reihe	750.— ℳ
3. Rang Mitte 3. bis 5. Reihe	550.— ℳ
3. Rang Seite	550.— ℳ
3. Rang Stehplätze	350.— ℳ

Verkauf der Eintrittskarten: vormittags von **10** bis **1** Uhr, nachm. von **2½** Uhr an.

Zu dieser Vorstellung gelten nur die mit **10 G** bezeichneten Eintrittskarten.

☛ Sämtliche Dauerfreikarten haben zu dieser Aufführung keine Gültigkeit. ☚

Kassenöffnung **2½** Uhr.

Anfang 3 Uhr. Ende 6¼ Uhr.

Vorstellungsankündigung von Kleists Hermannsschlacht *von 1923.*

Der erste Film zur Varusschlacht

1922/23 wird die Varusschlacht zum ersten Mal verfilmt. Im Kontext des Ruhrkampfs entsteht ein Stummfilm in fünf Akten: *Die Hermannsschlacht*. Regie führt Leo König, der ehemalige Reinhardt-Schauspieler Albert Bassermann spielt Segestes. Die Dreharbeiten finden in der Nähe des Hermannsdenkmals statt. Die Kritik empfindet den Film meist als nationalistisch.

Der völkisch-nationalistische Publizist Arthur Moeller van den Bruck (1876–1925) sagt 1923 in seinem Buch *Das Dritte Reich* die Weltherrschaft der Deutschen voraus. Er begründet das unter anderem mit Arminius' Sieg in der Varusschlacht. 1925 ziehen rund fünfzigtausend überwiegend republikfeindliche Menschen nach Detmold, zum fünfzigsten Jahrestag der Einweihung des Hermannsdenkmals. In den Reden dominieren chauvinistische und revanchistische Akzente. Sie münden in den Ruf nach einem »nationalen Messias« als Anführer in einer neuen Hermannsschlacht.

Arminius = Siegfried aus dem Nibelungenlied?

Die Nationalisten nach dem Ersten Weltkrieg interpretieren 1925 am Hermannsdenkmal die Varusschlacht als heldenhafte Befreiungstat des Arminius und als ein neues Hoffnungszeichen: Die Varusschlacht zeige, wie man Deutschland aus tiefer Schmach und Elend befreie. Die Dolchstoßlegende »im Felde unbesiegt« lässt Arminius mit dem Siegfried des Nibelungenliedes verschmelzen. Dadurch wird Arminius zu einem Symbol deutscher Tragik und Größe, denn er fiel wie Siegfried einem Mord zum Opfer – als Märtyrer für die »deutsche Sache«. Die Reichswehr des Ersten Weltkriegs sei wie Siegfried und Arminius nur zu besiegen gewesen, indem man sie »von hinten erdolchte«. Der

Dolchstoß kam angeblich von Juden, Sozialdemokraten und Kommunisten, wie es die rechtsnationale Presse darstellt.

Die völkisch-nationalen Propagandisten erfüllen auf diese Weise die als entwürdigend empfundene Gegenwart mit Sinn. Sie heben das deutsche Volk auf eine tragische Höhe, das sich durch den verlorenen Krieg und den Versailler Vertrag gedemütigt fühlt. Erneut holt man alte Mythen hervor, um die Gegenwart zu bewältigen. Den Arminiusmythos stellt man in den Dienst einer zersetzenden antidemokratischen Agitation.

Der Arminiusmythos bedient die Sehnsucht nach einem Führer

Dahinter verbirgt sich auch die Sehnsucht nach einer nationalen Führerfigur, die das »deutsche Elend« in den strahlenden Sieg verwandeln kann, den ein wieder machtvoll erstarktes Reich entfaltet. Dann ist der Schritt nicht mehr weit von diesem Arminiusmythos zur Figur des messianisch ersehnten neuen Führers, zu der sich Adolf Hitler selbst aufbauscht. Zahlreiche Arminiusromane dieser Zeit bauen den so verstandenen Mythos auf.

Ursprung des Nibelungenlieds bei Arminius?

Dabei gibt es bis heute auch seriöse Ansätze, die historische Parallelen zwischen Arminius und den Siegfried aus dem Nibelungenlied vermuten. Bereits 1837 versucht der Germanist Adolf Giesebrecht (1761 – 1819) zu zeigen, dass das Nibelungenlied seinen historischen Ursprung bei Arminius habe, dass Siegfried und Arminius ein und dieselbe Person seien. Diese Überzeugung hat noch vorher der radikale Burschenschaftler Karl Ludwig Sand (1895 – 1820) vertreten, der Mörder des Schriftstel-

lers August von Kotzebue (1761–1819). Vor seiner Hinrichtung meint Sand:

> Will uns die deutsche Kunst einen erhabenen Begriff von Freiheit bildlich geben, so soll sie unseren Hermann, den Erretter des Vaterlandes, darstellen, stark und groß, wie ihn das Nibelungenlied unter dem Namen Siegfried kennt, der kein anderer als unser Hermann ist.

Links: »Hermann entdeckt Siegmars Leiche« von Johann Heinrich Tischbein d. Ä. (1722–1789). In der Mitte steht Thusnelda.

Aber auch im 20. Jahrhundert vertreten namhafte Wissenschaftler diese These oder ziehen sie zumindest in Erwägung. Dazu zählen der Mediävist Otto Höfler (1901–1987), der klassische Philologe Ernst Bickel (1876–1961) und der Althistoriker Dieter Timpe (geb. 1931). Die Befürworter einer Parallele zwischen Arminius und Siegfried verweisen darauf, dass Arminius' germanischer Name unbekannt ist. Sie argumentieren, der Wortstamm des väterlichen Namens sei bei den altgeschichtlichen Germanen von Generation zu Generation weitergegeben worden. So geschah es bei Segest und Segimund, und so sei es wohl auch bei Arminius' Vater Sigimer (Siegmar) geschehen. Diese Ansicht vermutet, dass auch Sigimer seinen Wortstamm »Sieg-« weitergereicht habe, und zwar an Arminius, der sein Erstgeborener gewesen sei. Arminius germanischer Name sei daher wohl »Siegfried«.

Tacitus *Heldenlieder* über Arminius und das Nibelungenlied

Die Vertreter dieser These verweisen darauf, dass man den Stammesnamen der Cherusker etymologisch als »Hirschleute« deutet. Sie bringen das in Verbindung mit der Nibelungensage, in der Siegfried zeitweilig bei Hirschen aufwächst. Die Tarnkappe Siegfrieds sei so zu deuten, dass Arminius jahrelang bei den Römern lebte. Für sein Volk sei er in dieser Zeit unsichtbar gewesen. Tacitus berichtet, dass Arminius noch zu Beginn des 2. Jahrhunderts n. Chr. Gegenstand germanischer Heldenlieder sei. Die Taten des Arminius würden gerühmt und sein tragischer und allzu früher Tod betrauert (Tacitus, *Germania*, 2, 2; *Annalen*, 2, 88, 3). Das setzt diese Ansicht mit einer Vorform des Nibelungenliedes gleich. Allerdings ist diese Deutung der Tacitusstellen als Beschreibung von Heldenliedern umstritten.

Die These der Identität von Arminius und Siegfried stammt vornehmlich aus der Altgermanistik. Vor allem Historiker bewerten diese Auffassung zumeist kritisch. Sie verweisen darauf, dass die Gleichsetzung auf zusammengesetzten Vermutungen besteht. Problematisch ist außerdem, dass zwischen der Varusschlacht und dem geschriebenen Nibelungenlied mehr als eintausendzweihundert Jahre liegen. Die große Mehrheit der Wissenschaft sieht daher die Verbindung zwischen Arminius und Siegfried heute als unbeweisbare Spekulation.

Ein Gästebucheintrag Adolf Hitlers am »Hermanns«denkmal

Aus dem Jahr 1926 findet sich ein Gästebucheintrag von Adolf Hitler am Hermannsdenkmal. Er zeigt, dass auch Hitler sich von der Varusschlacht inspiriert fühlt. 1927 nutzt Alfred Rosenberg (1893–1946), der Chefideologe der Nationalsozialisten, den einhundertfünfzigsten Geburtstag Kleists, um dessen *Hermannsschlacht* für die nationalsozialistische Bewegung zu vereinnahmen. Nicht mehr die Römer, sondern »Juden, Polen und Franzosen« seien »heute die ganze Brut, die in den Leib Germaniens sich eingefilzt wie ein Insektenschwarm«. Nach 1933 werden die deutschen Schüler in den Geschichtsbüchern lesen, dass Arminius dereinst »die Reinheit es deutschen Blutes« gerettet habe.

Der Nationalsozialismus tritt als Erbe des nationalen Lagers auf. »Die Bewegung« nimmt nationale Mythen auf und deutet sie in eine Zielperspektive um: das »Dritte Reich« als Endpunkt der deutschen Geschichte. Bei der NS-Identitätssuche spielen Germanen eine wichtige Rolle als frühe Vertreter der »überzeitlichen und edlen Züge des Deutschtums«. Die Nazis übernehmen von den früheren Rasseideologien die Idee von der biologischen Überlegenheit der »nordischen Rasse, der Arier, der

Herrenmenschen«. Und als Blütezeit dieser »nordischen Rasse« gelten die alten Germanen.

Altgeschichte als politische Waffe

Das »Deutschtum« soll auf das »Germanentum« gegründet werden. Darunter verstehen die NS-Ideologen eine Harmonie von »Führer und Gefolgschaft«, Mannestreue, Verehrung der Ahnen und die Heiligkeit von Frau, Familie und Heimat. Das »nordische Blut« habe eine weltgeschichtliche Mission. Sie erfordere die Verteidigung der »Rassereinheit«. Die »germanische Weltanschauung« setze Tugenden wie Treue, Ehre und Schutz des Blutes voraus.

Althistoriker werden damit zu Trägern einer politischen Waffe. Zum Maßstab der kommenden Zeit sollen die Gesittung, die Taten und Leistungen der germanischen Vorfahren werden. Die NS-»Althistoriker« erklären Tacitus' *Germania* zum »heiligen Buch« der Germanenkunde. Tacitus selbst befördern sie zum »Alt-Arier« (!). Tacitus habe angeblich die »Rassereinheit« der Germanen beglaubigt. Diese Ideologie entwickelt sich zur mörderischen Waffe gegen die, die nicht in dieses Konzept fallen. Den Kampf der Germanen gegen Rom biegen sich die Nazis zum Kampf um Lebensraum und Lebensrecht zurecht, der dann auch noch Hitlers Kriege rechtfertigen soll.

Endgültige Perversion des Arminiusmythos

Der Arminiusmythos hat über Jahrhunderte die germanische Freiheit beschworen. Dieser alte Mythos wird nun in die diktatorische nationalsozialistische »Volksgemeinschaft« überführt. Der Mythos der Einheit ist der Gleichschaltung unter ein autokratisches Herrschaftsmodell gewichen, das nicht mehr hinterfragt werden darf.

Allerdings geht der Wunsch, Arminius zum zentralen Helden des Nationalsozialismus zu machen, nicht in Erfüllung. Die Waldlichtung am Hermannsdenkmal ist für zentrale NS-Kundgebungen zu klein und zu abgelegen. Seit Hitlers Achse mit dem Faschismus in Rom muss Berlin außerdem auf Benito Mussolini Rücksicht nehmen. Als Mussolini 1936 zu einem Staatsbesuch anreist, kommt aus der Reichskanzlei die Anweisung, das Hermannsdenkmal aus dem offiziellen Besuchsprogramm auszusparen.

Auf der anderen Seite bleibt Arminius im Nationalsozialismus wichtig; nur steht er nicht im Mittelpunkt. Der Maler Werner Peiner (1897–1984) wird beauftragt, acht Wandteppiche für die Neue Reichskanzlei zu fertigen, die die großen Schlachten der deutschen Geschichte illustrieren. Der erste Teppich stellt die Varusschlacht dar.

Hitler: »Das Blut der Hermannsschlacht ist umsonst geflossen«

Interessanterweise liefert das antike Rom für Hitler den Maßstab für sein eigenes Reich. Diese Wertschätzung Roms beeinflusst auch Hitlers Bild von Arminius. Für Hitler ist dieser zwar der »erste deutsche Einiger«, der die germanischen Stämme gesammelt habe. Doch dies sei ihm nur gelungen, weil er in Rom ausgebildet worden sei. Arminius habe zwar dem »deutschen Volk zum größten politischen Erfolg dieser Vorzeit verholfen«, aber er sei letztendlich doch gescheitert, »und das Blut der Hermannsschlacht« sei »umsonst geflossen«.

Der Politikwissenschaftler Herfried Münkler (geb. 1951) führt das zwiespältige Interesse der Nationalsozialisten an Arminius und der Varusschlacht darauf zurück, dass »ihr Interesse mehr der germanischen Expansion galt als der Verteidigung des ›heimatlichen Bodens‹«. Als dann 1944 die Truppen der Alliierten bis Deutschland vordringen, ist es laut Münkler zu spät für eine Wiederbelebung des Arminiuskults (Münkler, *Die Deutschen und ihre Mythen*, Berlin 2009). Es scheint auch, dass Arminius als Idol nicht zum Führerstaat passt, weil er sich als Offizier der römischen Armee gegen seinen Kriegsherrn aufgelehnt hat.

Der Arminiusmythos in der DDR

Nach 1945 scheint Arminius als deutscher Geschichtsmythos nachhaltig beschädigt. Ein Sinnbild dafür ist das von Alliierten beschossene und beschädigte Hermannsdenkmal. Doch der nationale Held erfährt eine überraschend schnelle Wiedergeburt. In der jungen DDR heißt es für Arminius: »auferstanden aus Ruinen«. Er passt ganz vorzüglich zum realsozialistischen Blick in die Geschichte und ihre Gesetze. Denn für die offizielle DDR-Geschichtsschreibung geht es um »die Rolle der germanischen Stammesverbände bei der revolutionären Überwindung der Sklavenhaltergesellschaft«. Neue Instrumentalisierung, neuer Irrtum, neuer Mythos.

Die sozialistischen Klassiker bieten dazu Unterstützung. Friedrich Engels bezeichnet Arminius als »großen Staatsmann und bedeutenden Feldherrn«, während sich um Varus ein »Schwarm von Sachwaltern und Ferkelstechern« versammelt habe, »reine Gurgelschneider«, die nur die »Aussaugung des Landes« im Sinn gehabt hätten (Engels, *Zur Urgeschichte der Deutschen*, 1881/82). Das alte Germanien erscheint Engels in seiner »ökonomischen Verfassung« geradezu vorbildlich. Grund und Boden seien vor allem Gemeineigentum gewesen. Jeder Germane habe in seiner Freiheit nur dort seine Grenzen gefunden, wo er auf einen gleichberechtigten Partner traf. Varus habe die Germanen zwingen wollen, ihr »freies Ding« aufzugeben, »wo Genossen den Genossen gerichtet«.

Die alten Germanen sind also für Engels »Genossen«. Sie freuen sich über urkommunistische Eigentumsverhältnisse. Da-

Arminiusquelle mit Lippequelle im Vordergrund (Bad Lippspringe).

mit ist Arminius zwangsläufig der richtige politische Kämpfer für Ost-Berlin. Als das Harzer Bergtheater 1957 Kleists *Hermannsschlacht* auf die Bühne bringt, gibt das Begleitheft den Besuchern die politisch korrekte Erklärung: »Rom: das ist unser Amerika.« Die von Rom aufgestachelten und verfeindeten Stämme Germaniens sind »die deutschen Arbeiter in West und Ost« (Begleitheft der Deutschen Festspiele von 1957). Schon mit dem Mauerbau 1961 verschwindet die Varusschlacht aber wieder aus dem historischen Mythenrepertoire der DDR-Propaganda – es fehlt die entscheidende Verbindung zur Sowjetunion.

Wegfall des Pathos um Arminius nach 1945

Insgesamt ist in Ost- und Westdeutschland nach 1945 das Thema »Germanen« eher tabuisiert. Die Germanentümelei der Nazis hat eine Blut-und-Boden-Ideologie und eine völkische Rassenlehre hervorgebracht. Das führte in letzter Konsequenz zur Ermordung von Millionen von Menschen. Zu viele Wissenschaftler und vermeintliche Germanenexperten haben sich an dieser Germanenideologie der Nazis beteiligt. Das Bild von Arminius und der Varusschlacht wandelt sich. Man befreit Arminius vom deutschtümelnden, nationalen Pathos.

Im Westen nichts Neues

Im Westen des Nachkriegsdeutschlands bleibt es um Arminius weitgehend still. Es kommt allerdings zu nationaltümelnden Feiern der FDP am Hermannsdenkmal. Seit 1954 versammeln sich hier Zehntausende im Gedenken an den Aufstand des 17. Juni 1953 in der DDR. Der FDP-Vorsitzende Thomas Dehler (1897–1967) äußert kernige Sprüche bei lodernden Fackeln im

Schatten des Teutoburger Waldes. Dazu fordert man die Rückgabe der Ostgebiete.

Hermann der Cherusker – Die Schlacht im Teutoburger Wald heißt der zweite Kinofilm zur Varusschlacht nach dem Stummfilm von 1922/23. Er erscheint 1977 und ist eine deutsch-italienisch-jugoslawische Co-Produktion. Gedreht wird der Film in Zagreb in den übrig gebliebenen Kulissen anderer Filme zur Antike. Regie führt Ferdinando Baldi alias Ferdy Baldwin. Hans von Borsody spielt »Hermann«. Die Dreharbeiten finden schon 1965 statt, aber es dauert noch über zehn Jahre bis zur Premiere in Deutschland. Die Produktion wird als »Sandalen-Trashfilm« gehandelt.

Claus Peymann inszeniert 1982 Kleists *Hermannsschlacht* in Bochum und erregt damit zwar Aufsehen, aber das ändert wenig an der grundsätzlichen Stille um Arminius.

(Siehe Bildtafel 16 nach S. 112.)

Mauerfall: kein neuer alter Mythos

Als die Mauer fällt, treffen die ost- und die westdeutsche Tradition zu Arminius aufeinander. Doch daraus erwächst keine Neuinterpretation des alten Mythos. Vielmehr passt sich der Osten Deutschland auch im Hinblick auf das Verständnis von Arminius an. In den neuen Bundesländern legt man den ideologischen Ballast der Vergangenheit weitgehend ab, den die DDR über vier Jahrzehnte aufgebaut hat, zu Arminius und seiner »Freiheitstat gegen die fremden Bedrücker«.

1993–1995 entsteht der dritte Kinofilm zur Varusschlacht: *Die Hermannsschlacht.* Produzenten und Autoren sind Christian Deckert, Hartmut Kiesel, Christoph Köster, Stefan Mischer und Cornelius Völker. Drehorte sind der Teutoburger Wald und das Rheinland. Neben Bühnenschauspielern und Hunderten von

Laien treten in dem Film die Künstler Markus Lüpertz, Tony Cragg und Alfonso Hüppi als Akteure auf, außerdem der Kunsthistoriker Werner Spies. *Die Hermannsschlacht* läuft in Programmkinos und wird bei Filmfestivals gezeigt.

Das »Hermanns«denkmal bleibt, was es schon in der alten Bundesrepublik war: eine Touristenattraktion. Ebenso geht es Kalkriese bei Bramsche, einer strukturschwachen Region, die die Varusschlacht gezielt vermarktet. Das Konzept lautet: »Varusschlacht soll Marke werden«. Das führt zu makaberen Auswüchsen wie dem Verkauf von »Römer-Mett« oder einem Auftritt der Rockgruppe Fury in the Slaughterhouse (»Wut / Raserei im Schlachthaus« – eine interessante Ähnlichkeit zum *furor teutonicus*) auf dem Schlachtfeld im Jahr 2004. Das mag pietätlos sein, aber es hat keinen nationalistischen Hintergrund mehr.

Zweitausend Jahre Varusschlacht

Anno domini 2009 jährt sich die Varusschlacht zum zweitausendsten Mal. Die Bundesrepublik gibt am 4. Juni eine Sonderbriefmarke heraus, die an die Varusschlacht erinnert. Die Marke hat einen Wert von 0,55 Euro und zeigt den oberen Teil der Hermannstatue bei Detmold, eine Büste von Kaiser Augustus und die eiserne Gesichtsmaske eines Reiterhelms, die das Prunkstück des Museums in Kalkriese ist.

Zwar nutzt die rechtsextreme Szene das Jubiläum zu fremdenfeindlichen und antiamerikanischen Agitationen: In Publikationen und auf Veranstaltungen preist sie die Varusschlacht als Fanal eines »nationalen Befreiungskampfes«. Arminius deuten die Rechtsextremisten als Vorbild für einen gegenwärtigen Kampf gegen Einwanderer und die USA, die sie als »neues Rom« bezeichnen. Aber solche Auswüchse bleiben unbedeutend. 2009 feiert Deutschland auch sechzig Jahre Bundesrepublik und zwanzig Jahre Mauerfall. Das beherrschende Thema lautet »Einigkeit und Recht und Freiheit«. Da ist ein Mythos um Arminius eher eine geschichtspolitische Spaßbremse. Gut so. Die Forderung in Arminius' Namen nach deutscher Freiheit war immer auch eine aggressive Geste gegen äußere Feinde. Der Aufruf in seinem Namen zur Einigkeit war oft eine Kampfansage an »Abweichler«. So war es mal. Und es hat sich geändert. Wie gesagt: gut so.

Zweitausend Jahre Varusschlacht als Sondermarke.

Arminius als Chamäleon

Arminius hat als Symbolfigur fünfhundert Jahre lang das Selbstbild der Deutschen geprägt und sie auf dem Weg zu einer Nation begleitet. Er hat das deutsche Selbstbewusstsein gestärkt und den Mythos von den edlen, naturverbundenen und wehrhaften Germanen begründet. Der historische, der wirkliche Arminius ist auf diesem Weg verlorengegangen. Er wurde durch einen deutschen Nationalhelden ersetzt, der wie ein Chamäleon seine Farbe den aktuellen politischen Tagesbedürfnissen anpassen konnte. Aus dem antiken Rom als Feind wurde zuerst die römische Kirche. Dann wurde es alles Romanische, vor allem das voll »welscher Tücke« steckende Frankreich. Es folgte als Feinbild das von der Aufklärung geschaffene liberale Gedankengut des Westens, seine republikanisch-demokratischen Prinzipien und seine Parteien. Schließlich bestand der neue Feind aus allen nicht germanischen Rassen. Das Deutschtum definierte sich als »germanisch« und die deutsche Nation ebenso.

Arminius stieg in dieser Rolle zum Befreier und Freiheitshelden aller Deutschen auf. Das ist der zweite Strang des Mythos: Die Germanen der Römerzeit gelten darin als deutsche Vorfahren. Dieser Ansatz ist aber längst überholt. Der Historiker Reinhard Wenskus (1916–2002) etwa hat 1961 die Vorstellung abgelöst, dass Volksstämme die Zeiten unverändert überdauern, und sie durch das Modell einer fortwährenden Ethnogenese ersetzt, einer Entstehung von Völkern (in seiner Studie *Stammesbildung und Verfassung. Das Werden der frühmittelalterlichen gentes*).

Im Mythos überträgt man die Eigenschaften auf die Deutschen, die Tacitus den Germanen zuschreibt, aber nur die guten Eigenschaften. Die Gleichsetzung von Germanen und Deutschen und die einseitige Betonung des germanischen Erbes sind historisch zwar falsch, aber sie spielen bei der Entwicklung des deutschen Nationalbewusstseins eine prägende Rolle – und längst nicht immer eine positive.

(Siehe Bildtafel 17 nach S. 112.)

Arminius ist zu entmythologisieren und zu entnationalisieren

Dieser mythologische Arminius ist nie ein Vorbild für Völkerverständigung gewesen. Er stand immer für einen militärischen Sieg, den die Deutschen gegen die aktuellen Gegner immer wieder neu erringen mussten. Das deutsche nationale Bewusstsein hat sich mit und durch Arminius immer in Abgrenzung von tatsächlichen oder eingebildeten Feinden herausgebildet. Stets war diese deutsche Identität verbunden mit der Angst vor kultureller Überfremdung und mit Bedrohungsszenarien.

Aus heutiger Sicht kann eine Besinnung auf die deutsche Identität nur in Bezug auf die europäische Geschichte erfolgen, die die verspätete Nation entscheidend bestimmt hat. Der fatale Irrtum der germanophilen Nationalisten war es, die deutsche Geschichte als einen Sonderweg zu deklarieren, der losgelöst war vom europäischen Umfeld. Germanen- und Arminiusmythen haben Abgründe aufscheinen lassen, die sich hinter ihnen verbergen können. Der deutsche und »germanische« Sonderweg endete in Phantasien von Überlegenheit und Ideologien der Völkervernichtung.

Viele andere Nationen definieren sich ebenfalls im Gegensatz zu ihren Nachbarn: durch große, mythisch verklärte Schlachten, die man in die Gründungslegenden von den Ursprüngen der eigenen Nation aufnimmt. Geschichte europäisch und vergleichend zu betrachten, bedeutet die Chance, den Arminius- und Germanenmythos weiter zu »entnationalisieren«.

(Siehe Bildtafel 15 nach S. 112.)

Zu guter Letzt: Varusschlacht mit Humor

Eine gute Waffe gegen Missbrauch von Geschichte und Mythologisierung ist auch der Humor. Er nimmt die wichtigtuerische, spießige Zentrierung der Geschichte auf Arminius und die Varusschlacht aufs Korn. Als Ausklang sei daher die »Definition« zitiert, die www.stupidedia.org (»Die sinnfreie Enzyklopädie«) zum Stichwort »Varusschlacht« bildet:

> Die Varusschlacht ist ein historisches Ereignis, dessen Ende ausnahmsweise nur von den Verlierern schriftlich erfasst wurde. Diese schrieben 200 Jahre nach dem Ereignis, das ein Gewisser [sic] Römer Namens [sic] Varus in einem Kampf auf feindlichen germanischen Gebiet eine ganze Armee verlor und ihr glorreich folgte, in dem er sich in sein Schwert stürzte. Die Germanen, dumme tumbe Mörder, die weder über Kleidung noch über eine Sprache verfügten, seien in Wilden [sic] Horden über die armen Römer hergefallen, wahrscheinlich um sie als Nahrung zu erlegen. Dies ist bis heute die gültige Lehrmeinung.

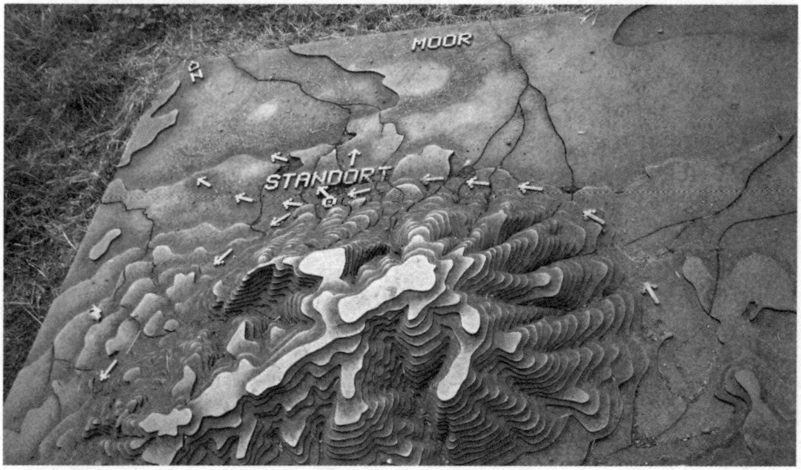

Geländemodell in Kalkriese.

Ernst von Bandel mit dem Kopf des Hermannsdenkmals.

Weiterführende Literatur

Bendikowsi, Tillmann: *Der Tag, an dem Deutschland entstand. Die Geschichte der Varusschlacht*; C. Bertelsmann Verlag, München 2008.

Cassius Dio Cocceianus, Lucius: *Römische Geschichte*; Patmos Verlag, Ostfildern 2007.

Florus, Lucius Annäus: *Römische Geschichte*; Wissenschaftliche Buchgesellschaft, Darmstadt 2012.

Frontinus, Sextus Iulius: *Strategemata. Von den Listen wider die Rüstung Germaniens*; Monsenstein und Vannerdat, Münster 2010.

Husemann, Dirk: *Der Sturz des römischen Adlers. 2000 Jahre Varusschlacht*; Campus Verlag, Frankfurt am Main 2008.

Märtin, Ralf-Peter: *Die Varusschlacht. Rom und die Germanen*; S. Fischer Verlag, Frankfurt am Main 2008.

Mommsen, Theodor: *Römische Geschichte*; dtv Verlag, München 2001.

Orosius, Paulus: *Die antike Weltgeschichte in christlicher Sicht* (Band II, Buch V bis VII); Artemis & Winkler Verlag, Zürich 1994.

Schneider, Helmuth (Hrsg.): *Feindliche Nachbarn. Rom und die Germanen*; Böhlau Verlag, Köln 2008.

Strabon: *Geographika*, Band II (Buch V bis VIII); Vandenhoek & Ruprecht Verlag, Göttingen 2003.

Sueton, Gaius Suetonius Tranquillus: *Die Kaiser der Julisch-Claudischen Dynastie*; Marixverlag, Wiesbaden 2013.

Tacitus, Publius Cornelius: *Annales (Annalen)*; Oldenbourg Akademieverlag, München 2011.

Ders.: *Germania*; Anaconda Verlag, Köln 2009.

Velleius Paterculus: *Historia Romana/Römische Geschichte*; Philipp Reclam Verlag, Ditzingen 1989.

Walther, Lutz (Hrsg.): *Varus, Varus! Antike Texte zur Schlacht im Teutoburger Wald*; Reclam Verlag, Stuttgart 2008.

Wolters, Reinhard: *Die Schlacht im Teutoburger Wald. Arminius, Varus und das römische Germanien*; C.H. Beck, München 2008.

Namens- und Ortsregister

Bildnachweis

Classical Numismatic Group Lancaster BT 4
Deutsche Post AG 144
Flöper, Stefan 50
Goethe Universität Frankfurt am Main BT 3
Hermand, Jost/Niedermeir, Michael, *Revolutio germanica*, Frankfurt am Main 2002 88
Hessisches Landesmuseum Darmstadt 97
Historical Figures Foundation Ventura 58
Kolberg, Are Skarstein BT 6
Lippisches Landesmuseum Detmold BT 11, BT 14
Schweiß, Markus 33, 34
Stiftung des Fürstlichen Hauses zu Waldeck und Pyrmont 105, 134
Universität Paderborn BT 2
Wikimedia Commons: Agnete BT 9, Andy1982 BT1 5, Corradox 30, Cristiano64 BT 7, BT 8, Sven Nieder BT 1, Evak 120, Fewskulcher 147, Gmoeller 140, Hagar 66 32, Ireas 131, Jatakuck 129, o. A. 16, 21, 91, 93, 107, 117, 148, BT 5, BT 10, BT 12, BT 13, BT 16, BT 17, TUBS 57
Zentralbibliothek Solothurn 65

Ebenfalls im Regionalia Verlag erschienen:

Alexander Rudow
Der Limes. Geschichte – Bedeutung – Wirkung

160 Seiten plus farbige Bildtafeln
Hardcover, 16,5 × 19,8 cm, € 9,95

ISBN 978-3-95540-181-8

Weithin sichtbar sollten die Außengrenzen Roms für Freund und Feind markiert sein. In den Bau der Limites (= Grenzwege) investierte das Römische Reich einen hohen Aufwand. Dieses neue Werk reflektiert im Lichte der neuesten Forschungsergebnisse die Intentionen, die Entstehung und die Funktion dieser sich über Hunderte von Kilometern erstreckenden Grenzanlagen und setzt sich dabei vorrangig mit dem Obergermanisch-Raetischen Limes auseinander.

Zum praktischen Nutzen beinhaltet dieses Buch zudem Karten, Register und einen Überblick über die wichtigsten Museen und Besichtigungsorte.